Die besten Einfamilienhäuser innovativ und flexibel

Werner Sobek, Bettina Hintze

HÄUSER-AWARD 2008

IN KOOPERATION MIT SCHÜCO UND VPB

Die besten Einfamilienhäuser innovativ und flexibel

Die Jury:
Kaspar Kraemer, Präsident des BDA
Klaus Becker, Schüco International KG
Almut Ernst, Architektin, Berlin
Wolfgang Nagel, Chefredakteur von HÄUSER
Thomas Penningh, Vorsitzender des Vorstands des VPB

Die Architektur ist ein sensibler Seismograph. Wenn sich die Lebensgewohnheiten und geschmacklichen Vorlieben ändern, wenn der technische Fortschritt neue Materialien zur Verfügung stellt, wenn der gesellschaftliche Wandel Einfluss nimmt auf die Art, wie wir wohnen, dann sind die Auswirkungen dieser Prozesse stets in der Architektur ablesbar. Und nicht selten sind es Einfamilienhäuser, an denen Architekten Neues ausprobieren – im kleinen Maßstab zunächst, bevor sie es in den großen Maßstab übersetzen.

Zu theoretisch? Schauen wir einige Beispiele an:

Alle Welt redet von der Klimakatastrophe – also werden unsere Häuser besser gedämmt und effizienter beheizt, intelligente Energiekonzepte kombinieren Wärmepumpen, Solarthermie- und Fotovoltaikanlagen.

Einer auf Gesundheit und Nachhaltigkeit ausgerichteten Lebensweise hat sich die neueste Trendgruppe der „Lohas" (Lifestyle of Health and Sustainability) verschrieben – ihre Häuser entstehen in ökologischer Bauweise unter Verwendung nachwachsender Rohstoffe, sie sind allergikerfreundlich und so wandelbar, dass sie sich ohne großen Aufwand wechselnden Lebensphasen und sogar wechselnden Besitzern anzupassen vermögen.

Ein Zeitstil, wie er noch vor hundert Jahren vorherrschte, ist einem ästhetischen Pluralismus gewichen, von minimalistisch bis dekonstruktivistisch ist alles erlaubt – auch bei unseren Häusern.

Die digitale Technik versetzt viele Mütter und Väter in die Lage, zu Hause zu arbeiten, sie sparen Wege ins Büro und haben Zeit für die Kinderbetreuung – unsere Häuser vereinen Wohnen und Arbeiten unter einem Dach.

Nanotechnologie und andere Neuerungen revolutionieren unsere Produkte – im Bau finden viele ihre Anwendung.

Computerprogramme können halsbrecherische Entwürfe Wirklichkeit werden lassen – die Häuser führen, Frank O. Gehry lässt grüßen, fröhliche Tänze auf.

In einer Zeit des technischen Wandels und gesellschaftlichen Umbruchs lag es nahe, den mit 15.000 Euro dotierten HÄUSER-Award, den wir jedes Jahr mit Schüco und dem Verband Privater Bauherren (VPB) ausloben, unter eben dieses Motto zu stellen: Wie gehen Planer mit all diesen Veränderungen um – mit neuen Angeboten und Möglichkeiten, aber auch mit neuen Herausforderungen? Nicht um Visionen oder Utopien ging es uns, sondern um ganz konkrete Häuser, die in den letzten drei Jahren gebaut wurden: Architektur von heute für das Wohnen von morgen.

Die innovativen Aspekte waren aus gutem Grund nicht vorgegeben. Wir wollten unser Radar rundherum kreisen lassen und möglichst viele wegweisende Ideen einfangen. Nicht jedes der 178 eingereichten Projekte ist ein Quan-

tensprung in die Zukunft, aber gleichwohl versammelt dieser Band, für den die Jury unter Leitung von BDA-Präsident Kaspar Kraemer die 25 besten Einsendungen ausgesucht hat, in der Zusammenschau ein beeindruckendes Arsenal von zukunftsfähigen Entwürfen und Konzepten.
Unübertroffen jedoch und in diesem Sinn ein Vorbild – vor allem was den schonenden Umgang mit Umwelt und Ressourcen betrifft – bleibt ein Haus, das älter ist als die in unserem Wettbewerb gesuchten. Der Ingenieur Werner Sobek hat es, durchaus auch als eine Art Manifest und Selbstversuch, für sich und seine Familie geplant. Sicher wäre es nicht jedermanns Sache, in seinem Stuttgarter Glaskubus zu wohnen. Doch darum geht es hier nicht. Bemerkenswert in unserem Zusammenhang ist die Tatsache, dass der Architekt bereits im Baujahr 2000 Maßstäbe gesetzt und erfüllt hat, die in voraussehbarer Zukunft von den allermeisten Häusern wohl nicht erreicht werden dürften.
Darum habe ich Werner Sobek gebeten, die Einleitung für dieses Buch zu schreiben. Denn weiterentwickeln kann man sich nur, wenn man die Ziele hoch steckt. In diesem Sinne hoffe ich, dass der HÄUSER-Award 2008 für Sie nicht nur Anregung, sondern auch Ansporn ist für Ihre eigenen Pläne.

Wolfgang Nagel
Chefredakteur von HÄUSER

Dieses Buch dokumentiert die Wettbewerbsergebnisse und stellt neben den vier preisgekrönten Einfamilienhäusern auch eine Auswahl der 21 besten Beispiele in Bild und Text vor: Attraktive Fotos veranschaulichen jedes Haus und seine Details, Originalpläne der Architekten sowie Gebäudedaten und Projektbeschreibungen liefern interessante Hintergrundinformationen.
Grundrisse und Schnitte sind bis auf wenige Ausnahmen im Maßstab 1:200 wiedergegeben. Das heißt: 1 Zentimeter im Plan entspricht 200 Zentimetern, also 2 Metern, in der Wirklichkeit. Um die städtebauliche Situation und Orientierung des Gebäudes darzustellen, ist jeweils ein nicht maßstäblicher, genordeter Lageplan beigefügt. Der Neubau ist dort orangefarben hervorgehoben.
Die Gebäudedaten fassen die wichtigsten Informationen übersichtlich zusammen: Sie geben Auskunft über Grundstücksgröße, Wohn- und Nutzfläche, Anzahl der Bewohner, Bauweise, Baukosten, Energiekonzept und -kennwerte sowie das Baujahr. Alle Kostenangaben verstehen sich, soweit nicht anders angegeben, im Sinne der DIN 276 als so genannte reine Baukosten inklusive der jeweiligen Mehrwertsteuer. Nicht enthalten sind die Grundstücks-, Erschließungs-, Bauneben- und Finanzierungskosten. Bei einigen Projekten sind die Kosten auf Wunsch der Bauherren nicht aufgeführt.

Wie weiter wohnen?

Prof. Dr. Werner Sobek

„Hört endlich auf, so zu bauen wie ihr baut!" Auf diesen von Frei Otto in Berlin am 13.3.1977 ausgerufenen Satz – nach den ersten Ölkrisen und dem Bericht des Club of Rome über „Die Grenzen des Wachstums" – hätte die Einsicht folgen müssen: „Ja, wahrscheinlich hat er Recht!" und die Frage: „Wie weiter?"
Frei Ottos Ruf verhallte jedoch. Die Welt der Architektur stürzte sich stattdessen in die Postmoderne, gefolgt von Dekonstruktivismus, Superdutch, Blob und anderen Stilrichtungen bzw. Phänomenen wie der „Berliner Architektur", allesamt Entwicklungen, welche einerseits die heraufziehenden ökologischen Probleme schlichtweg ignorierten, andererseits die Frage nach ihrem eigenen „Warum?" nie intellektuell befriedigend beantworten konnten.
Die globale Erwärmung mit all ihren Begleiterscheinungen ist eine Tatsache, die sich durch menschliches Handeln lediglich noch in ihrer Größenordnung beeinflussen lässt. Das weltweite Bevölkerungswachstum ist nicht gebremst. Und ein großer Teil der Weltbevölkerung verfügt nicht über das in der so genannten „ersten" Welt vorherrschende Wohlstandsniveau. Angesichts dieser Umstände wird schnell klar, dass das Bauschaffen vor einer Veränderung bisher nicht gekannten Ausmaßes steht – ist es doch das Bauschaffen, das erheblich am weltweiten Verbrauch an fossilen Energieträgern beteiligt ist, einen großen Anteil an den Emissionen hat, die den Treibhauseffekt verursachen und für einen dominanten Anteil an den täglichen Massenabfällen steht, die oft nur deponiert, also der Nachwelt hinterlassen werden. Bisher wurde auf den aufkommenden Zwang zur Veränderung nur schwach, wenn überhaupt reagiert. Natürlich sind die im Wesentlichen in Zentraleuropa entstandenen Forschungen, Energieeinsparstandards, Emissionsreduktionen etc. im weltweiten Vergleich als wichtige und richtige Schritte zu bezeichnen. Eine Verallgemeinerung auf andere Klimazonen, Baumethoden und -standards oder auf die bisher kaum angedachten Fragen des recyclinggerechten Konstruierens stehen jedoch noch völlig aus.

Die Herausforderungen unserer Zeit

Wie also weiter? Muss eine Architektur, die den Ansprüchen und Herausforderungen unserer Zeit gerecht werden will und die die Verantwortung gegenüber jenen wahrnimmt, denen sie diese gebaute Umwelt einmal übergeben wird, unseren Kindern – muss eine solche Architektur nicht ein radikal anderes, positives Verhältnis zur natürlichen Umwelt, zu ihren Nutzern und zu der ihr inhärenten Technologie haben? Die ökologische und die technologische Rückständigkeit des Bauschaffens kann doch nicht länger – trotz steter und anhaltender Versuche Einzelner – aus einem Bedarf an Kontinuität oder der Legitimität des

Rückgriffs auf Bewährtes in seiner tradierten Erscheinungsform insgesamt begründet werden. Stattdessen gilt es zu trennen zwischen dem, was als angemessen, bewährt, vielleicht sogar als „richtig" in einem größeren zeitlichen Rahmen bezeichnet werden kann – und der Bequemlichkeit, aus der viele längst überholte und nicht mehr zeitgerechte Bautechniken und Materialien weiterhin zum Einsatz kommen.
Hiervon ausgehend gilt Folgendes: Eine Architektur, die den Anspruch besitzt, eine unserer und der kommenden Zeit entsprechende Haltung zu formulieren, darf ihre Gestalt nicht allein durch Rückgriff auf tradierte Formen, Materialien oder Bautechniken finden. Eine solche Architektur muss ihre Gestalt auf der Basis integraler Planungs- und Organisationsprozesse und durch eine radikale Umsetzung ökologischer Notwendigkeiten finden. Die Frage lautet nicht: „Wie haben wir gewohnt und gearbeitet?" – die Frage lautet: „Wie können und wollen wir künftig wohnen und arbeiten, wie müssen wir zukünftig bauen?" Die Antwort darauf bedingt eine Antizipation des Kom-

menden – wie jedes Nachdenken über die Zukunft ein immer mit der Gefahr von Irrtümern behafteter, hie und da vielleicht sogar in die falsche Richtung führender Prozess. Die Gefahr des Irrens darf aber nicht von derartigem Denken abhalten, weist es doch hinsichtlich seiner intellektuellen Vertretbarkeit den einzig möglichen Weg. Hegels Diktum, „... daß diese Furcht zu irren schon der Irrtum selbst ist" gilt immer noch.

Die Suche nach den Grenzen

Die Bauschaffenden insgesamt, aber auch und gerade die Hochschulen, tragen beim Ausloten des zukünftig Möglichen und des zukünftig Erstrebenswerten eine besondere Verantwortung. Unsere eigene Suche nach dem, was übermorgen sein sollte und könnte, greift weit aus. In den Arbeiten des Instituts für Leichtbau Entwerfen und Konstruieren (ILEK) an der Universität Stuttgart fragen wir beispielsweise nach dem Minimalen genauso wie nach dem Immateriellen. Wir untersuchen das Temporäre und das Ephemere ebenso wie das Wohnen und Arbeiten in der maximalen Verdichtung, in der Bewegung, unter Wasser oder im extraterrestrischen Raum. Es geht dabei um die Suche nach den Grenzen. Denn: Nur wer diese Grenzen kennt, kann sie überschreiten – in Richtung anderer Formen des Wohnens und Arbeitens, anderer Technologien des Bauens und anderer Methoden des Betreibens unserer Habitate.

Am Bauschaffen sind viele Wissenschafts- und Berufsdisziplinen beteiligt – entsprechend interdisziplinär sind die Arbeiten an unserem Institut geprägt. Es ist ein aus vielen Ländern der Welt stammendes Team aus Architekten, Bauingenieuren, Luft- und Raumfahrtwissenschaftlern, Designern, Textil- und Keramikspezialisten, das die Arbeiten am ILEK vorantreibt. Wir untersuchen beispielsweise den Ersatz der herkömmlichen Gebäudehülle (also die Summe von Dach und Außenwand) durch hochleistungsfähige Konstruktionen aus Stoff: Wir wollen so einerseits zu vollkommen neuen Methoden der Vorfertigung im Bauwesen kommen, andererseits aber auch ein wesentlich besseres energetisches Verhalten sowie eine deutlich höhere Rezyklierbarkeit der Gebäudehülle erhalten.

Recyclinggerechtes Bauen

Gerade der Gedanke eines recyclinggerechten Bauens jenseits jedweder Entsagungsästhetik weist auf eine der großen, zukünftig zu lösenden Aufgaben hin. Auch wenn

I Das Gebäude ist als offenes Raumkontinuum konzipiert, das sich in der Vertikalen über vier Geschosse erstreckt. Stahltreppen sorgen für Blicktransparenz, störende Trennwände gibt es nicht. Die gläserne Hülle lässt die Grenzen zwischen innen und außen verschwimmen – und holt die Natur ins Haus herein.

man (was viele gerne tun) unterstellt, man baue, wenn schon nicht für die Ewigkeit, so doch für viele Jahrzehnte, dann muss dennoch die Frage erlaubt sein: Was machen denn unsere Kinder mit der von uns gebauten Substanz? Was vom heute Gebauten übrig bleibt, sind zumeist Mehrkomponentenbauteile, deren Einzelwerkstoffe kaum noch mit vertretbarem Aufwand zu trennen sind. Wer die Außenwand eines gewöhnlichen Wohngebäudes analysiert, stellt schnell fest, dass hier 10 bis 20 unterschiedliche Materialien (vom Mauerwerk mit seinen eingelegten Elektro-, Wasser- oder Gasleitungen nebst deren Zubehör über den Innenputz, die Tapete und deren Anstrich über die Außendämmung, den Putzträger und Außenputz einschließlich dessen Anstrich) nahezu untrennbar miteinander verbunden sind. Die Untrennbarkeit war dabei immer Programm: Je besser die Baustoffe während der Nutzungsdauer des Gebäudes zusammenhielten, als desto besser galten die Funktionen erfüllt. Nach dem Abriss kehrt sich dieser Vorteil natürlich in sein Gegenteil um – es bleibt nichts anderes als das Deponieren des nicht mehr in seine Ausgangsbauteile Zerlegbaren.

Bereits heute haben (am Beispiel Baden-Württemberg für das Jahr 2005) die Baumassenabfälle einen Anteil von 72 Prozent am gesamten jährlichen Abfallaufkommen (26 von 36 Mio. t.). Angesichts der weltweiten Verknappung vieler Rohstoffe und des immer größer werdenden Bauschutt-Deponieproblems muss die Entwicklung einer Planungs- und Bautechnik, welche recyclinggerechtes Konstruieren ermöglicht, selbstverständliche Voraussetzung für das Bauen von Morgen sein. Dabei werden neue Wege der industriellen Vorfertigung genauso zu gehen sein wie neue Wege der Montage und Demontage unserer Habitate. Wichtig ist dabei auch: Dass diese Häuser atemberaubend attraktiv und aufregend aussehen und nicht mehr jener depressiven Entsagungsästhetik entspringen, welche lange Zeit ökologisch orientiertes Design kennzeichnete. Energetisch und zugleich ästhetisch hochinteressante Bauteile sind beispielsweise Verglasungen, bei denen der Lichtdurchgang in Echtzeit verändert werden kann. Durch Drehen eines Schalters lässt sich der Lichtdurchgang durch solch eine Scheibe innerhalb kürzester Zeit stufenlos auf das gewünschte Maß einstellen – bei gleichzeitiger Reduktion des energetischen Eintrags. Wer lediglich den Infrarotdurchgang (also den Durchgang der Wärmestrahlung durch eine Verglasung) verändern will, wählt ein entsprechendes, für das menschliche Auge nicht sichtbares System. Transparenz und Wärmedämmqualität lassen sich auf diese Weise gleichzeitig erreichen. Aus diesem Grund sind die Forschungen an schaltbaren Verglasungen ein Kernbereich der Arbeiten des ILEK, parallel zu den Forschungen an Vakuum-Isolationspaneelen (VIP), mit denen sich bei geringer Bauteildicke hervorragende Wärmedämmeffekte

erzielen lassen. Idealerweise stellen diese VIPs gleichzeitig die endgültige Bauteiloberfläche dar, so dass recyclingtechnisch kritisch zu bewertende Putze, Anstriche o.Ä. entfallen. Im Verbund mit integrierten Bauteilen zur Energiegewinnung werden Gebäudehüllen zu Energiegewinnungshüllen – hoch integriert und technisch wie gestalterisch perfekt aufeinander abgestimmt. Eine solche Architektur erfordert aber andere städtebauliche Planungen, andere Bebauungspläne.
Es geht um die Neukonzeption des Gesamtprodukts. Damit einherzugehen hat das Neudenken städtebaulicher Strukturen und deren architektonische Erscheinungsform. Die Konzeptionen der gesamten Ver- und Entsorgungssysteme, unserer Verkehrssysteme, der Stadtklimatologie (wenn überhaupt jemals geplant) stehen auf dem Prüfstand. Mikrometeorologen, Klimatologen, Landschaftsplaner, Städteplaner und Architekten sind genauso gefragt wie die Arbeiten der forschenden Konstrukteure und der konstruierenden Forscher, wie das Engagement aller anderen an der Gestaltung der gebauten Umwelt Beteiligten.

Die Ziele

Die vor den Bauschaffenden liegende Aufgabe erfordert Titanen, vielleicht aber auch nur gut funktionierende interdisziplinäre Teams. Die Ziele jedenfalls sind klar. Sie werden von uns folgendermaßen formuliert:

- Gebäude zu bauen, die für ihren Betrieb in der Jahressumme keine Energie benötigen →„Null Energieverbrauch";
- Gebäude zu bauen, die keine schädlichen Emissionen abgeben →„Null Emissionen";
- Gebäude zu bauen, die vollkommen rezyklierbar sind →„Null Rückstände".

Die Forderung nach dieser „dreifachen Null" steht auch für das „Triple Zero Konzept", das zurzeit von der Metropolregion Stuttgart in einer Reihe von beispielhaften Projekten aus den Bereichen Altbau, Neubau und Umbau aufgelegt wird.
Natürlich entstehen derzeit viele ähnliche Initiativen dieser Art. Sie sind teilweise nicht miteinander koordiniert, teilweise konkurrieren sie gegeneinander. Der Sache als solcher wird dies jedoch keineswegs schaden, benötigt das Bauschaffen doch dringend eine Vielzahl von Impulsen und Erkenntnissen, mit deren Hilfe sich Konzepte für ein wirklich nachhaltiges Bauen entwickeln lassen. Vor diesem Hintergrund müssen auch die Initiativen der Bundesregierung (beispielsweise durch die Forschungsinitiative „Zukunft Bau" und die Entwicklung eines „Leitfaden Nachhaltiges Bauen") oder einzelner Bundesländer ebenso positiv bewertet werden wie die durch das Engagement von vie-

len am Bauschaffen im engeren und weiteren Sinn Beteiligten im Juni 2007 gegründete „Deutsche Gesellschaft für Nachhaltiges Bauen" (DGNB).

Das Prinzip Nachhaltigkeit

In einem weltweiten Prozess des Umdenkens wird dem Nachhaltigkeitsaspekt in der gebauten Umwelt verstärkt Aufmerksamkeit gezollt. Politik, Wissenschaft und Industrie bereiten die Einführung des Prinzips der Nachhaltigkeit vor, seine Umsetzung wird jedoch im Wesentlichen in den Händen von Architekten und Ingenieuren liegen, also in den Händen derjenigen, die heute noch nicht über geeignete Werkzeuge und Methoden für Konzeption, Konstruktion und Gestaltung von „nachhaltiger" Architektur (im weitestgehenden Sinn verstanden!) verfügen. Vor der Fülle der Probleme und Fragen sollte man jedoch keineswegs zurückschrecken, gehört es doch, wie Peter Sloterdijk sagt, „zur Signatur der Humanitas, dass Menschen vor Probleme gestellt werden, die für Menschen zu schwer sind, ohne dass sie sich vornehmen könnten, sie ihrer Schwere wegen unangefasst zu lassen".

Der Blick weitet den Intellekt

Man muss Häuser bauen, aus denen man weit schauen kann. Denn der weite Blick weitet den Intellekt. Und er öffnet die Seele. Hugo von Hofmannsthal schrieb: „... wenn das Haus durchsichtig wird, gehören die Sterne mit zum Fest." Man muss Häuser bauen, aus denen heraus und in die hinein soziale Kontakte und die einvernehmliche Einbettung in das Umfeld, in die Natur entstehen können. Das Leben in einer von der Natur nur durch eine High-Tech-Hülle getrennten Sphäre bedeutet so etwas wie Heimkehr und ein Leben im Einklang mit der Natur – eng mit ihr verbunden und ohne jegliche Art von Raubbau an ihren Ressourcen. Es ist diese Verbindung von High-Tech, Ökologie und höchster Gestaltqualität, an der sich künftiges Bauschaffen orientieren sollte. Wie die Ausgestaltung im Einzelnen erfolgt, hängt ganz von den lokalen Randbedingungen und den individuellen Vorlieben der einzelnen Nutzer ab.

Das R218 – ein gebautes Experiment und persönliches Manifest

Auf unserer Suche nach dem „Wie weiter?" verlassen wir selbst immer wieder die Ebene der wissenschaftlichen Experimente, um im gebauten Experiment die Richtigkeit unserer Ansätze zu überprüfen. Das Experiment beschränkt sich dabei manchmal auf ein einziges Detail, manchmal umfasst es das gesamte Haus, so wie dies bei R128 – einer sehr persönlichen Manifestation unserer architektonischen, unserer künstlerischen und unserer sozialen Überzeugungen – geschehen ist. Unsere neuen Gebäude werden entscheidend von den Erkenntnissen aus diesem Experiment befruchtet und geprägt.

R128 zeichnet sich zunächst durch seine Stuttgarter Hanglage aus, die einen wunderbaren Blick über die Stadt bietet. Das Baugrundstück war aufgrund seiner Steilhanglage, der schmalen und steilen Zufahrt sowie wegen des weiten Weges von der Zufahrt zum Gebäude nur sehr schwer bebaubar. Die Gründung des Gebäudes besteht deshalb lediglich aus einer durchgehenden Bodenplatte mit integrierter Frostschürze. Die tragende Konstruktion des aufgehenden Gebäudes besteht aus einer Stahlskelettkonstruktion mit 12 Meter langen Stützen aus Quadratrohren und Trägern aus IPE-Profilen. Stützen und Träger wurden vor Ort verschraubt, wobei die Schrauben in bereits vorhandene Gewindebohrungen in den Stützen eingeschraubt wurden. Die Präzision der Vorfertigung erlaubte den Verzicht auf jegliche toleranzausgleichende Maßnahmen. Der viergeschossige, auch im fertigen Gebäude noch sichtbare Stahlbau war nach nur vier Arbeitstagen vollständig fertig montiert.

Die Geschossdecken bestehen aus vorgefertigten und mit einem Kunststoffbelag versehenen Holzplatten (Merck-Dickholz) mit Abmessungen von ca. 3 mal 4 Metern. Die lediglich 6 Zentimeter dicken Geschossdecken wurden zwischen die Deckenträger eingehoben und dort nur eingelegt.

Die Fassade besteht aus geschosshohen Scheiben, die vom Dach abgehängt sind, und ist modular aufgebaut. Die Gläser sind dreifach zusammengesetzt: dreifach Isolierverglasung mit Argonfüllung, beschichtete Gläser und beschichtete Kunststofffolie in der Mittellage, k=0,4, die in dieser Form erstmalig eingesetzt wurde. In jeder Etage lassen sich mehrere Fenster als Ausstellfenster öffnen. Im ersten und

konstruktion deutlich ablesbar. Die Geschossdecken bestehen aus vorgefertigten, kunststoffbeschichteten Holzplatten und wurden zwischen die Träger eingelegt. Das Heiz- und Kühlsystem, das an der Unterseite in Aluminium-Deckenelemente integriert ist, gewährleistet ein konstantes, angenehmes Raumklima.

im vierten Geschoss ist je ein Fensterelement als Tür zu öffnen. Die Fassadenhänger sind unsichtbar in der vertikalen Fuge zwischen den Scheiben integriert. Der zentrale Dachbereich ist eben und mit einer aus formalen Gründen in Nullneigung verlegten Fotovoltaikanlage belegt.
Es gibt keine Innenwände. Die viergeschossige Treppe sowie einige nicht mit Deckenelementen belegte Bereiche schaffen einen vertikal durchgehenden Innenraum. Die Komplettverglasung erzeugt einen horizontal durch das Gebäude gehenden Außenraum. Man wohnt somit weniger in einem Haus als in einem durch eine transparente Hochleistungshülle gefassten Außenraum.
An der Unterseite der Geschossdecken befinden sich Deckenelemente aus Aluminium, die neben der Beleuchtung und einer akustischen Absorberfläche auch jeweils ein Register besitzen, das aus einer wasserdurchflossenen Rohrschlange besteht. Diese Register stellen das Heiz-/Kühlsystem des Gebäudes dar, das ansonsten keine Speichermasse besitzt. (Um Richard Buckminster Fullers Frage zu beantworten: R128 wiegt insgesamt 39 800 Kilogramm, ohne Fundation.)
Die Temperatur innerhalb des Gebäudes kann geschossweise individuell geregelt werden, wobei die Heiz-/Kühlregister in den Decken je nach erforderlicher Temperatur von warmem bzw. kühlem Wasser durchflossen werden. Ein gedämmter Wärmespeicher dient in dem von Matthias Schuler entwickelten Energiesystem als „Batterie", in die bei warmen Temperaturen Energie eingebracht wird, die im Heizfall als Wärme entnommen wird. Da die Registerfläche ca. 40 Prozent der Wohnfläche entspricht, sind sehr geringe Vorlauftemperaturen möglich. Dies garantiert einen entsprechend hohen Komfort. Die zentrale Rechneranlage des Hauses erlaubt neben der Vorgabe von Solltemperaturwerten auch das Öffnen und Schließen der elektrisch betätigten Fenster und Türen, das Regeln der Innen- und Außenbeleuchtung, das Bedienen des Sicherheitssystems und vieles mehr. Entsprechend gibt es keine Schalter, Tür- oder Fenstergriffe mehr. Über einen Internetanschluss kann das Gebäude von außerhalb gesteuert werden. Dies alles trägt zu einem ungewohnt hohen Wohnkomfort bei.
Aufgrund von Recyclingüberlegungen gibt es keinerlei Unterputzsysteme. Alle Leitungen verlaufen entlang der Innenseiten der Fassaden in aufklappbaren Kanälen aus gefalztem Aluminiumblech. Alle Sanitäreinrichtungen sind in einer zweigeschossigen quaderförmigen Einheit untergebracht, die in das Gebäude eingestellt ist. Alle Funktionen im Sanitärbereich, also Türen, Toilettenspülung oder Wassermenge und Wassertemperatur für Waschbecken und Dusche werden berührungsfrei über Sensoren ausgelöst.

Rezyklierbar, emissionsfrei und unabhängig vom Stromnetz

Mit dem Haus in der Römerstraße ist ein Experiment entstanden, in dem wir alles das realisieren wollten, was nach meinem Dafürhalten zwingende Basis für ein Bauen in der Zukunft ist. Das Haus wiegt nur 10 bis 12 Prozent eines herkömmlichen Hauses gleicher Größe, hat somit für Herstellung und Transport seiner Bestandteile entsprechend weniger Energie benötigt. Das Gebäude ist vollkommen rezyklierbar, da stets nur leicht voneinander zu trennende, verschraubte, verhakte, ja teilweise nur durch Magnetwirkung befestigte Ein-Komponenten-Bauteile verwendet wurden. Natürlich hat das Haus keinen Schornstein und ist völlig emissionsfrei. Der gesamte Energiebedarf für Wärmen und Kühlen wird über ein in den Decken integriertes Wärmetauschersystem gewonnen, das auch zum Heizen bzw. Kühlen herangezogen wird. Der gesamte Jahresbedarf an Strom wird fotovoltaisch erzeugt. Die Sonne ist der einzige Energieträger.

Das Klimakonzept funktioniert hervorragend. Die Wärm- bzw. Kühldecke sowie die hoch isolierenden Scheiben sorgen für ein Raumklima, das auch viele Besucher beeindruckt. Selbst an heißen Tagen im Sommer ist die Temperatur im Haus angenehm. Bei geöffneten Fenstern durchstreicht der hangaufwärts wehende Wind alle Räume und unterstützt die Funktion der Kühldecke. Man fühlt sich, als lebe man im Freien. Im Winter hingegen sorgt die Wärmdecke für eine angenehme, gleichmäßige Raumtemperatur. Und während sich an der Außenseite der Scheiben manchmal Eisblumen bilden, ist das Glas an der Innenseite handwarm.

Die Technik erleichtert den Alltag, ohne ihn zu bestimmen. Die Touchscreens in jedem Stockwerk ersparen einiges an Treppensteigen. Mit ihrer Hilfe kann ich unter anderem sehen, wer sich am Gartentor befindet, kann dieses öffnen, kann sämtliche Fenster im Haus bedienen und auch das Licht auf allen Stockwerken regeln. Dank der Sensortechnik öffnen sich die Türen, auch der Kühlschrank, berührungslos. Dies ist äußerst praktisch. Im Bad- und Toilettenbereich ersetzen uns Sensoren die herkömmlichen Armaturen und betätigen die Toilettenspülung. Sehr hygienisch.

Die Beschreibung für das Bauwesen vielleicht ungewohnter technischer Systeme darf jedoch nicht den Eindruck erwecken, es handele sich bei R128 primär um einen Ent-

isolierverglasung, die vom Dach abgehängt sind. Zur natürlichen Belüftung lassen sich in jeder Etage mehrere Ausstellfenster öffnen, die – wie alle wesentlichen Funktionen des Hauses – elektronisch gesteuert werden.

wicklungsträger für neue Technologien. Das Gegenteil ist der Fall: Es geht um die Suche nach einer Form des Wohnens und Lebens in unserer Zeit.

Weitere Entwicklungen

Vieles, was an der Grenze des momentan Machbaren liegt, haben wir bei R128 noch nicht einbauen können. Bei unserem nächsten Prototyp, der in einigen Jahren fertig gestellt werden soll, wird dies aber sicher der Fall sein. Zu diesen neuen Entwicklungen zählen beispielsweise Gläser mit steuerbarer Lichttransmission, Decken mit variabler Schallabsorption oder eine Gebäudehülle gänzlich aus Stoff. Noch weiter gedacht: Selbstlernende Systeme werden zusammen mit einer weiterentwickelten Sensorik und Aktorik viele technische Funktionen weiter vereinfachen, das Energiemanagement unserer Häuser deutlich optimieren und die Wohnqualität erheblich steigern.

Mit der Natur wohnen

In einem gläsernen Haus zu wohnen heißt: mit der Natur zu wohnen. In einem Haus, das – mit Ausnahme der Toiletten – keine Innenwände besitzt und dessen Außenwände völlig verglast sind, erfährt man bereits wenige Tage nach dem Einzug, wie sehr die traditionelle Architektur unsere Beziehung zur Umwelt, zum Wetter, zum Lauf der Zeit einschränkt und behindert. Wie sehr wir es verlernt haben, die Tageszeit an der Farbe des Lichts zu erkennen, mit Blick in den Sternenhimmel einzuschlafen, inmitten eines Gewitters zu sitzen oder, im Winter, von einer völlig mit glitzernden Eisblumen überzogenen Fassade umfangen aufzuwachen!

Schon beim Öffnen der Augen am frühen Morgen haben wir die umgebende Natur im Blick. Wir sehen die Spechte, Eichelhäher und Rotkehlchen um uns herumfliegen. Eichhörnchen blinzeln uns zu. Ein Raubvogel zieht seine Kreise. Natur pur. Wir fühlen uns wie in einem Baumhaus. Beim Zähneputzen sehen wir, dass unsere Hunde auch schon wach sind und den Garten nach Fuchsspuren absuchen. Die Stadt liegt uns noch etwas verschlafen zu Füßen.

Wenn die Fenster geschlossen sind, umgibt uns absolute Ruhe; sind sie geöffnet, dringt Vogelgezwitscher an unser Ohr. Je intimer die Nutzung der einzelnen Stockwerke wird (von oben nach unten zunehmend), desto mehr umfängt der Hang das Haus. So fühlen wir uns vor fremden Blicken geschützt und geborgen.

Beim Essen im obersten Geschoss kann man den Blick über Stuttgart schweifen lassen und das – für uns so wichtige – Gefühl von Freiheit genießen. Hier kann man gut durchatmen. Manchmal fällt es schwer, sich zu erheben und den Tag anzupacken, möchte man doch endlos hier sitzen. Dies geht auch Gästen so, die sich zum Abendessen einfinden und über das nächtliche Lichtermeer blicken. Oft graut schon der Morgen, bevor sie den Weg nach Hause finden.

Raum für Veränderung

Mut zur Lücke bewiesen Thomas Straub und Birgitte Tacke bei der Wahl ihres Baugrundstücks. Durch eine Zeitungsannonce war das Architektenpaar auf die kleine Restfläche aufmerksam geworden: Das schmale Areal maß gerade einmal 160 Quadratmeter und lag eingezwängt zwischen die Brandwände seiner mehrgeschossigen Nachbarn. Was auf den ersten Blick nur wie ein Durchgang zwischen zwei hoch emporwachsenden Hausscheiben wirkte, erwies sich bei näherem Hinsehen als durchaus attraktiver Bauplatz. Die Vorteile der Lage waren offensichtlich: ein schön durchgrüntes, innerstädtisches Wohngebiet in unmittelbarer Nähe zum Nymphenburger Schlosspark.

Ein fünfgeschossiges Wohnhaus füllt nun die schmale Lücke. Die Struktur des Gebäudes folgt dem Bild eines Regals, bei dem die Geschossdecken – ohne tragende Querwände – zwischen die seitlichen Brandwandscheiben eingehängt wurden und sich nun über die gesamte Hausbreite spannen. Dasselbe Prinzip liegt auch der Dach- und Fassadenkonstruktion zugrunde. Raumhohe, vollflächige Verglasungen aus teils feststehenden, teils verschiebbaren Elementen holen das Licht tief ins Innere. Die äußerste Hülle des Hauses bildet ein textiler Sicht- und Sonnenschutz, der ebenfalls in beweglichen Stahlrahmen befestigt ist.

Dem Wohnregal liegt die Idee eines mitwachsenden Hauses in zwei Ausbaustufen zugrunde. Das heutige Konzept entspricht dem ersten Ausbauzustand und sieht für die beiden unteren Etagen eine Nutzung als Architekturbüro vor: Teeküche und Besprechungsraum befinden sich in der Eingangsebene, die Arbeitsplätze liegen im ersten Obergeschoss. Die anschließende Dachterrassenwohnung wird von der dreiköpfigen Familie bewohnt: Küche, Ess- und Gemeinschaftsbereich, Kinderzimmer sowie Elternschlafraum mit Bad verteilen sich in der Vertikalen über insgesamt drei Ebenen.

Bei Bedarf kann das Gebäude mit minimalen Eingriffen zu einem fünfstöckigen Einfamilienhaus umfunktioniert werden. Das hat nicht nur mehr räumliche Großzügigkeit zur Folge – es kommen auch zusätzliche Zimmer hinzu: Im zweiten Ausbauzustand wandert die Familienküche in die Eingangsebene, der Wohnbereich nimmt die gesamte erste Etage ein. Anstelle der zentralen Kochinsel im zweiten Obergeschoss wird ein innenliegendes Bad eingebaut und die verbleibende Fläche in zwei Schlafräume aufgeteilt. Das ehemalige Elternzimmer unterm Dach kann dann in einen Gästebereich umfunktioniert werden. Bei der Planung achteten die Architekten darauf, sowohl Konstruktion als auch technische Ausstattung und Leitungsführung sowie die

Schau-Fenster zur Straße: Über insgesamt fünf Etagen erstreckt sich dieses Wohnhaus, das die schmale Baulücke optimal nutzt. Die Geschossdecken sind wie bei einem Regal zwischen die seitlichen Brandwandscheiben eingehängt. Großflächige Verglasungen erlauben interessante Ein- und Ausblicke, der Freisitz ist geschickt in die Dachfläche integriert.

I Der schmale Garten wurde geschickt angelegt und terrassiert: Trotz geringer Fläche bietet er hohe Aufenthaltsqualitäten.

Schreinereinbauten entsprechend vorzurüsten, um auch langfristig eine größtmögliche Nutzungsflexibilität zu erreichen. Sogar eine eventuelle Aufteilung in zwei separate Wohneinheiten wurde dabei berücksichtigt.

In seinem Innern wirkt das Haus trotz seiner geringen Breite von knapp fünf Metern überraschend geräumig. Das liegt nicht nur am offenen Grundriss und der zurückhaltenden Möblierung der Räume, sondern auch an einem konsequent einfachen, durchgängigen Gestaltungskonzept: Die Wände sind alle graugrün, die Decken weiß gestrichen. Im Erdgeschoss fließt ein heller Epoxidharzboden durch den Raum, alle anderen Ebenen sind mit dunklem Wenge-Parkett ausgelegt. Das Treppenhaus an der nördlichen Grenzwand verschwindet dezent hinter satiniertem Glas. Die Architekten liefern hier mit geschickter Planung ein vorbildliches Beispiel für den verdichteten Einfamilienhausbau, das nicht nur stadtgestalterisch und architektonisch in jeder Hinsicht überzeugt: Seine hohe Wandelbarkeit und Flexibilität machen es auch über Generationen hinweg zu einem ebenso alltagstauglichen wie zukunftsfähigen Haus.

Auch auf der Ostseite ist die Fassade vollständig verglast und öffnet sich ganz zum Grün. Von der kleinen Dachterrasse aus blickt man direkt in die Baumkronen.

Im Wohnbereich kontrastiert dunkles Wenge-Parkett mit graugrün und weiß gestrichenen Wand- und Deckenoberflächen. Die Fugen der Hohlwände – das Haus ist ein Stahlbeton-Massivbau aus Halbfertigteilen – wurden dabei sichtbar belassen. Verschiebbare Stahlrahmen, bespannt mit Kunststoffgewebe, dienen als Sicht- und Sonnenschutz.

Arbeiten und Wohnen sind geschossweise getrennt: In der Eingangsebene ist zurzeit das Architekturbüro untergebracht. Weißer Epoxidharzboden und hell lackierte Einbaumöbel sorgen für eine puristisch elegante Atmosphäre.

Das zweite Obergeschoss dient der Familie heute als zusammenhängender Wohn-, Koch- und Essbereich. Der Küchenblock liegt im Zentrum des offenen Raums, die Schränke sind an der seitlichen Brandwand eingebaut.

I Oben links: Der Kinderbereich im dritten Obergeschoss wird von zwei Seiten üppig mit Licht geflutet. Ein Luftraum ermöglicht den Sichtkontakt in die Galerieebene unterm Dach und sorgt auch optisch für mehr Großzügigkeit.

I Schöne Aussichten in den Garten bieten sich vom Besprechungstisch im Erdgeschoss: Gläserne Schiebetüren sorgen für fließende Übergänge zwischen innen und außen und erweitern den Raum ins Freie.

Das Urteil der Jury:

Das mitwachsende Wohn- und Bürohaus verkörpert auf einfach-selbstverständliche Weise mehrere Grundforderungen an nachhaltige städtische Baukultur: Nutzung einer sehr schmalen Baulücke und somit Nachverdichtung urbaner Textur, Integration in das Bestehende trotz eigenständiger Form und Fassade, Wandelbarkeit des Grundrisses durch offene Technik- und Tragstruktur, Energieeffizienz durch hohen Sonneneintrag sowie Preiswürdigkeit durch einfache Konstruktion und disziplinierten Ausbau. In der überzeugenden Verbindung dieser Parameter ist das Haus ein Beispiel für die Zukunftsfähigkeit des Normalen, Selbstverständlichen und Gut-Gemachten. Dass es zudem gelungene Raumeindrücke, gute Details und einen elegant-unprätentiösen Innenausbau zu einer ästhetisch besonders zu lobenden Atmosphäre zu verbinden weiß, macht seinen besonderen und durch den ersten Preis hervorzuhebenden Charakter aus.

Gebäudedaten

Grundstücksgröße: 160 m^2
Wohnfläche: 247 m^2
Zusätzliche Nutzfläche: 53 m^2
Anzahl der Bewohner: 3
Mitarbeiter im Büro: 2
Bauweise: Massivbau (Stahlbeton) aus Halbfertigteilen (Hohlwände/Filigrandecken)
Baukosten je m^2 Wohn- und Nutzfläche: ca. 1 488 Euro
Baukosten gesamt: ca. 446 500 Euro
Energiekonzept: Gasbrennwerttherme, kontrollierte Wohnraumlüftung mit Wärmerückgewinnung; Vorrüstungen für solare Brauchwassererwärmung/Fotovoltaikanlage
Heizwärmebedarf: 38 kWh/m^2a
Primärenergiebedarf: 59 kWh/m^2a
Fertigstellung: 2006

I Für die freistehende Kochinsel in der Mitte wurde ein Großküchenblock aus Edelstahl mit einer weiß lackierten Holzschale ummantelt. Der Zugang zum Treppenhaus, das hinter der satinierten Glaswand liegt, lässt sich mit raumhohen Schiebetüren verschließen.

Lageplan

Grundrisse Ausbaustufe 1:
Wohn- und Bürohaus

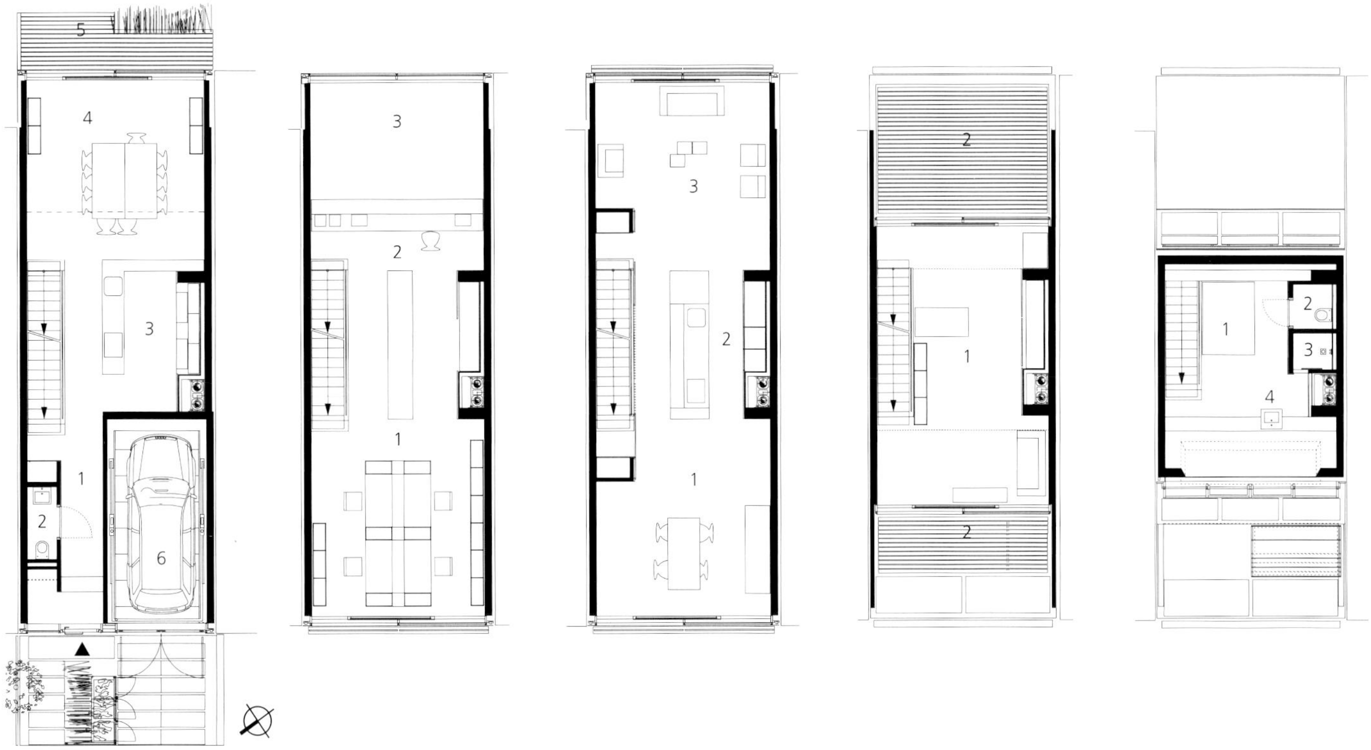

Erdgeschoss
M 1:200

1 Eingang/Windfang
2 WC
3 Teeküche
4 Büro/Besprechung
5 Terrasse
6 Duplex-Garage

1. Obergeschoss
M 1:200

1 Büro
2 Assistenz/Sekretariat
3 Luftraum

2. Obergeschoss
M 1:200

1 Essen
2 Kochen
3 Wohnen

3. Obergeschoss
M 1:200

1 Kind
2 Dachterrasse

4. Obergeschoss
M 1:200

1 Schlafen
2 WC
3 Dusche
4 Waschen

Grundrisse Ausbaustufe 2:
Einfamilienhaus

In der zweiten Ausbaustufe wird das Gebäude zum fünfgeschossigen Einfamilienhaus: Die Küche befindet sich in der Eingangsebene, der Wohnraum im ersten Obergeschoss. Die darüber liegende Etage wird in zwei Schlafräume mit Bad aufgeteilt. Das dritte Obergeschoss dient als Kinder- oder Arbeitszimmer mit Bibliothek, das Dachgeschoss als separater Gästebereich.

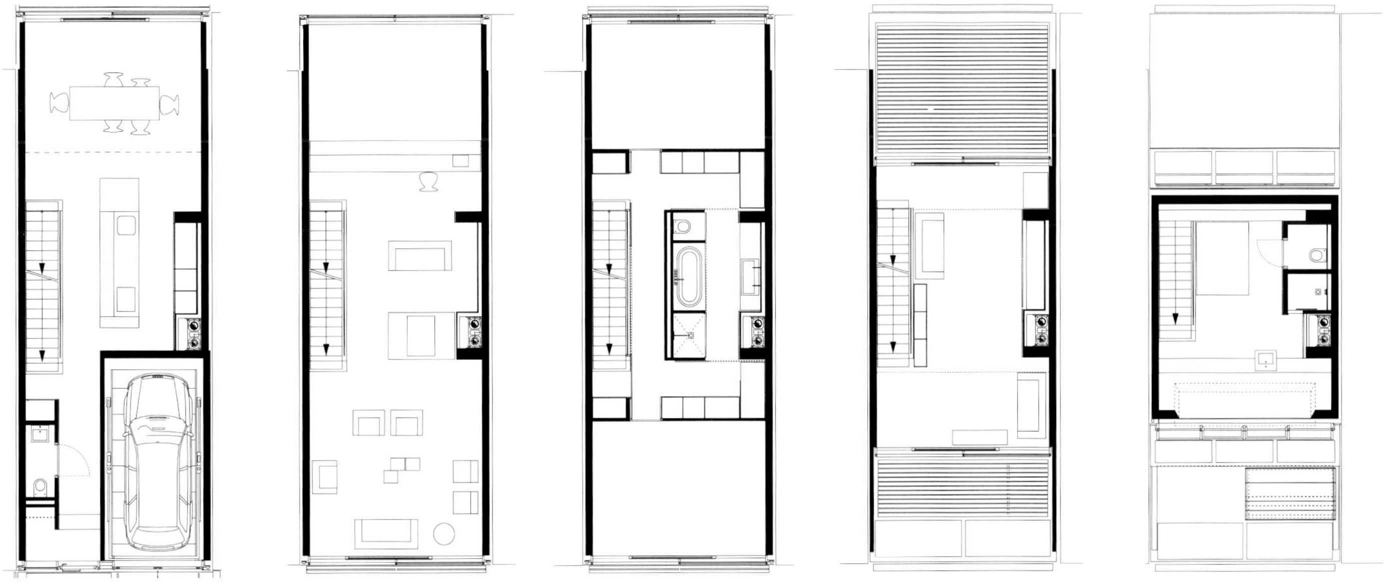

Praktisch aus Prinzip

Einfamilienhaus in Nagold

Es sollte ein Haus für alle Fälle werden: Die Bauherren, eine Familie mit vier kleinen Kindern, wünschten sich ein Domizil, das nicht nur ihrem aktuellen Tages- und Organisationsablauf in idealer Weise gerecht werden sollte. Auch auf lange Sicht sollte sich das Gebäude durch eine möglichst flexible Aufteilung den wandelnden Bedürfnissen seiner Bewohner sowie Veränderungen in der Familien- und Altersstruktur möglichst unkompliziert anpassen können.
Für die räumliche Organisation dieses Unternehmens Familie orientierte sich der Architekt an Vorbildern aus dem Industriebau: Er verteilte das umfangreiche Bauvolumen – es umfasst allein 500 Quadratmeter Wohnfläche – auf einen Dreibund, der sich mit quaderförmigen Betonkörpern wie eine Skulptur aus dem fallenden Gelände erhebt. Das lineare System mit drei Funktionssträngen, die klar voneinander unterschieden werden, folgt einer ebenso strengen wie schlüssigen Logik: Im mittleren, dem zentralen Erschließungs- und Funktionstrakt, der von oben belichtet wird, befinden sich die Treppe, sämtliche Sanitärinstallationen sowie die Nebenräume. Im Osten wird diese Servicespange von den Schlafräumen der Familie flankiert: Vier gleich große Kinderzimmer reihen sich entlang des Flurs aneinander, an dessen Ende eine Tür den separaten Elternbereich abteilt. Westlich des Funktionstrakts liegt der große Gemeinschaftsraum: ein offener Bereich, in dem gekocht, gegessen und gewohnt wird. Nur an einer Ecke, direkt neben dem Eingang, ist ein kleines Büro abgetrennt, das Kunden oder Geschäftspartner betreten können, ohne die Privatheit der Wohnung zu stören.
Das straff gegliederte System bietet auch auf lange Sicht ein Höchstmaß an Flexibilität, das sich heute jedoch nur erahnen lässt. In die Zukunftsszenarien flossen dabei verschiedenste Überlegungen mit ein: Wenn die Kinder eines Tages aus dem Haus sind, kann Wohnraum reduziert und extra vermietet werden – oder beispielsweise den Großeltern zur Verfügung gestellt werden. Aber auch an einen separaten Rückzugsbereich für eine Pflegekraft wurde gedacht, falls für eines der Familienmitglieder eine Altersbetreuung notwendig werden sollte.
Im Erdgeschoss bildet schon heute der Elterntrakt im Süden eine kleine Einheit mit direktem Zugang von außen. Auf ähnliche Weise ließe sich auch im Norden eine weitere separate Einheit – etwa als Einliegerwohnung – mit eigenem Bad abteilen. Die Trennwände zwischen den Kinderzimmern sind nicht tragend ausgeführt, sodass auch hier noch genügend Spielraum für Veränderungen bleibt. Und auch das Hanggeschoss ließe sich bei Bedarf entsprechend umfunktionieren: Gäste- sowie Spielzimmer und Bad könnten zu einer weiteren Einliegerwohnung zusammengefasst werden, die ebenerdig von der Garage aus zugänglich ist.

An einem Hanggrundstück entstand dieses Wohnhaus für eine sechsköpfige Familie: Das umfangreiche Volumen verteilt sich auf drei Baukörper, die sich das fallende Gelände herabtreppen und über eine betonierte Terrassenplattform in den Garten auslaufen.

Beiden Wohnebenen sind differenzierte Freibereiche vorgelagert: Im Eingangsgeschoss erweitert ein hölzernes Sonnendeck die Räume nach draußen, im Hanggeschoss wird die Terrasse zu einem großzügigen zusätzlichen Zimmer im Freien.

Die Organisation des Hauses als Dreibund – mit einer zentralen Erschließungsspange in der Mitte, die von den Privat- und Gemeinschaftsräumen links und rechts flankiert wird – ist auch von außen deutlich ablesbar.

Ebenso zukunftsfähig und vorausschauend wurden auch Energieversorgung und Haustechnik geplant: Zwei Tiefenbohrungen liefern die notwendige Energie für die Erdwärmepumpe. Das Haus wird über eine flächendeckende Fußbodenheizung erwärmt beziehungsweise im Sommer gekühlt. In einem offenen Retentionsbecken vor und unter den Schlafräumen sammelt sich das Regenwasser: Es dient nicht nur der Gartenbewässerung, sondern sorgt in der wärmeren Jahreszeit durch seine Verdunstungskühle auch für ein angenehmeres Klima in den Schlafräumen. Zudem ist das Haus vollständig mit interaktiver Regeltechnik ausgestattet, die über ein zentrales digitales Steuerpaneel auch extern kontrolliert werden kann – ein technischer Bedienkomfort, den man gerade auch später, im Alter besonders zu schätzen weiß. Dieses Haus ist eben in jeder Hinsicht für die Zukunft gut gerüstet.

Ein tiefliegendes Panoramafenster auf der Südwestseite rahmt den Ausblick in die Landschaft. Die gläserne Tür in Verlängerung des Gangs führt auf die vorgelagerte Holzterrasse.

Sichtbeton, Lärchenholz und Ölschiefer bestimmen den Raumeindruck in der offenen Wohnebene im Erdgeschoss. Deckenhohe Glasfronten lassen das Licht weit ins Gebäudeinnere vordringen.

Kochzeile und Essplatz bilden den kommunikativen Mittelpunkt des Hauses: Das Familienleben spielt sich rings um den großen Tisch ab. Für einen ungewöhnlichen Materialakzent sorgen die Schrankfronten aus Pflaumenholz.

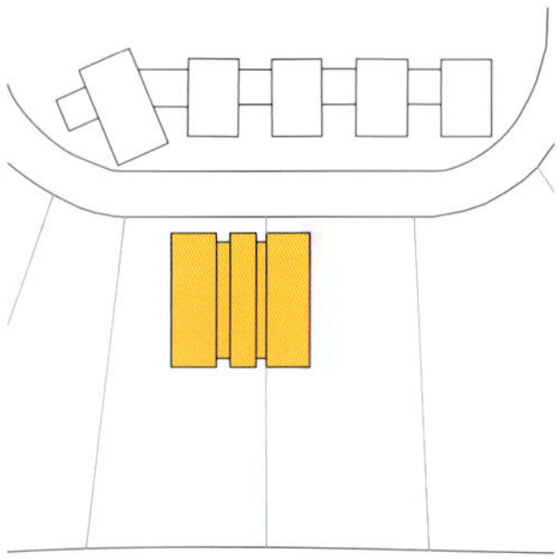

Lageplan

I Ein schmaler Gang trennt den betonierten Funktionstrakt im Zentrum von den Schlafzimmern der Eltern und Kinder, die von einer hölzernen Lamellenwand begrenzt werden.

I Wie eine Himmelsleiter strebt die Treppe dem Licht entgegen: Der schmale Schacht im massiven Erschließungskern wird durch eine glasgedeckte Öffnung im Dach erhellt.

Das Urteil der Jury:
Der Entwurf zeigt beispielhaft, wie sich ein Einfamilienhaus durch vorausschauende Planung auch auf lange Sicht wandelnden Familien- und Altersstrukturen anpassen kann: Die geschickte Organisation mit einem kompakten, straff organisierten Grundriss, der dennoch genügend Raum für Veränderung lässt, bietet ein hohes Maß an Flexibilität. Damit wird das Gebäude sowohl heutigen als auch künftigen Wohnbedürfnissen in vielerlei Hinsicht gerecht. Das Konzept überzeugt in seiner konsequenten Haltung und Funktionalität gleichermaßen wie in seiner bewussten Reduktion im Formalen, die sich auch in Materialwahl und Detaillierung widerspiegelt. Hier ist eine ebenso zeitgemäße wie zukunftsfähige Architektur entstanden, die große

Gebäudedaten

Grundstücksgröße: 1 200 m²
Wohnfläche: 500 m²
Zusätzliche Nutzfläche: 121 m²
Anzahl der Bewohner: 6
Bauweise: Skelett- und Massivbau aus Sichtbeton
Baukosten je m² Wohn- und Nutzfläche: ca. 1 148 Euro
Baukosten gesamt: 712 653 Euro
Energiekonzept: Erdwärme-

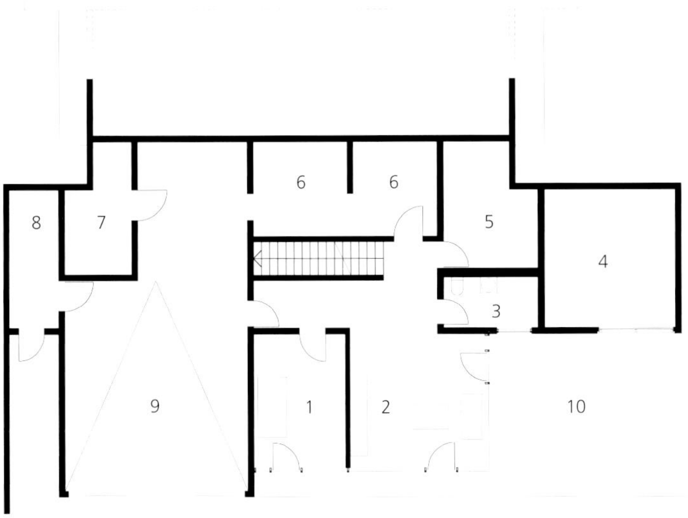

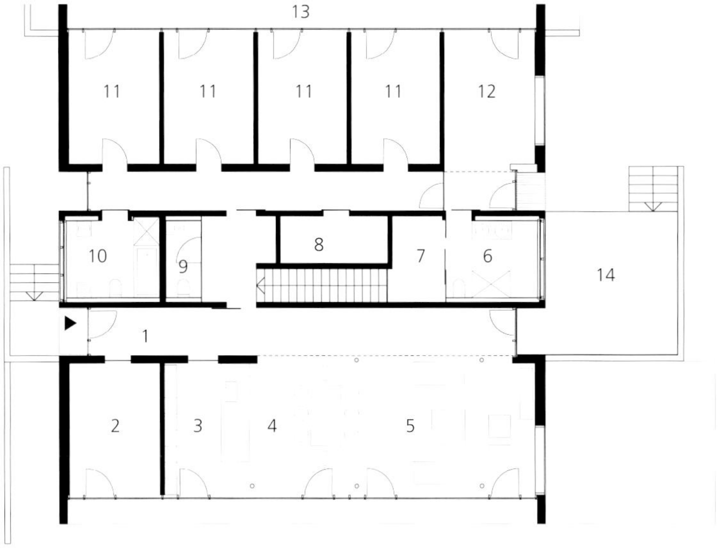

Untergeschoss
M 1:250

1 Gäste
2 Spielzimmer
3 WC
4 Leerraum
5 Wäsche
6 Abstellraum
7 Hausanschluss/Heizung
8 Müll
9 Garage
10 Terrasse

Erdgeschoss
M 1:250

1 Eingang
2 Büro
3 Kochen
4 Essen
5 Wohnen
6 Elternbad
7 Ankleide
8 Wäsche
9 WC
10 Kinderbad
11 Kind
12 Eltern
13 Retentionsbecken
14 Terrasse

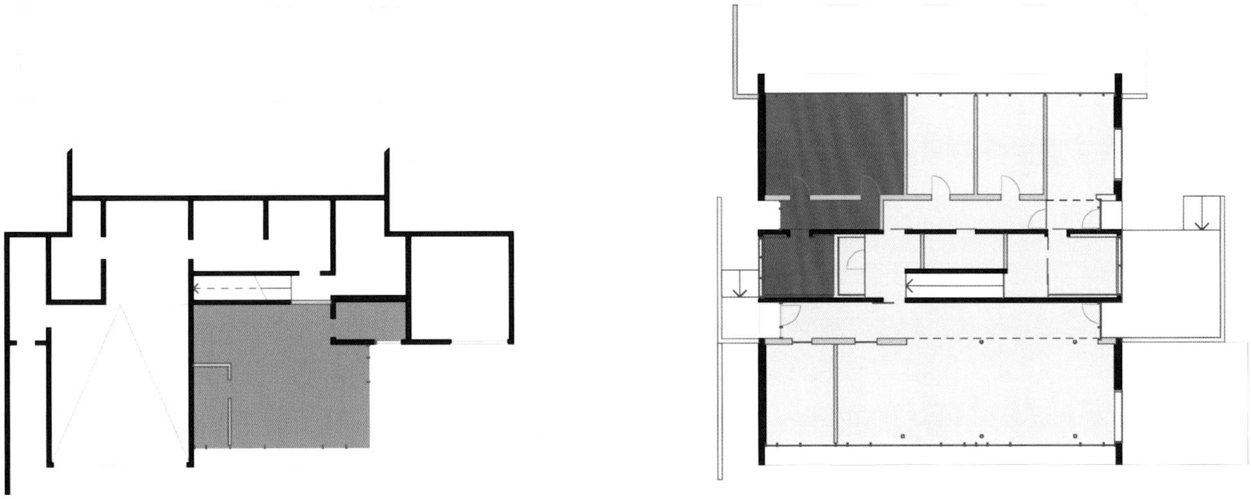

Die Grafik zeigt eine der möglichen Nutzungsvarianten: Bei Bedarf kann im Untergeschoss eine Einliegerwohnung abgetrennt werden. Ebenso lässt sich im Erdgeschoss ein kleiner separater Wohnbereich abteilen, der einen direkten Zugang von Norden hat.

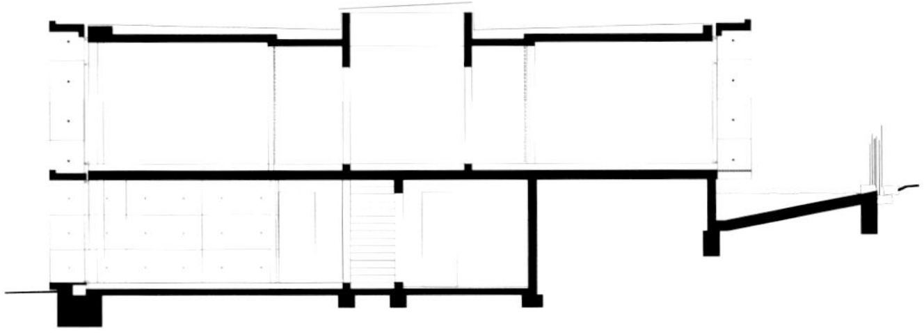

Schnitt
M 1:250

Blickfang Baumhaus

Atelierhaus in Dachau

Mitten in der Altstadt von Dachau fand das Architektenpaar Dorothea Voitländer und Konrad Deffner ein Grundstück, das ideale Voraussetzungen bot, um Wohnen und Arbeiten miteinander zu verbinden. Das Ateliergebäude, das sie hier anstelle eines abbruchreifen Hauses errichteten, teilt sich die Fläche mit einem uralten Lindenbaum. Dieses ebenso mächtige wie imposante Naturdenkmal bildet das Zentrum eines neu gefassten, kleinen Platzes, der das Areal auch städtebaulich aufwertet: Hatte das Gelände bislang eher Hinterhofcharakter – und diente zeitweise sogar als inoffizieller Altstadtparkplatz –, hat es sich nun zu einem attraktiven Freiraum verwandelt.

Das Atelierhaus sucht den Bezug zum Baum und orientiert sich mit allen Aufenthaltsräumen in seine Richtung. Doch nicht nur bei der Grundrissgestaltung spielte die Linde eine zentrale Rolle – auch die Fassade des dreigeschossigen Massivbaus greift das Baummotiv wieder auf: Sie ist allseitig mit handlaminierten Paneelen aus transluzentem, glasfaserverstärktem Kunststoff (GFK) ummantelt, auf die das Bild winterlich blattloser Aststrukturen projiziert wurde. Das Material wird bislang im Fassadenbau kaum verwendet und üblicherweise für Surfbretter eingesetzt: Es hat eine hohe Festigkeit bei geringem Gewicht, ist witterungs- und chemikalienbeständig, kostengünstig, frei formbar und lässt sich beliebig einfärben.

In Handarbeit fertigte ein ortsansässiger Surfbrettbauer die einzelnen Fassadenplatten. Dabei wurde bedrucktes Spezialpapier in das Laminat eingelegt, sodass das Baummotiv nun wie ein Tattoo tief in der GFK-Haut sitzt. Da die Paneele mit acht Zentimeter Abstand von der Wärmedämmung auf eine Lattenkonstruktion montiert wurden, kann sich das Licht im Zwischenraum gleichmäßig ausbreiten. Steht man vor dem Haus, sieht man nicht nur den echten Baum und dessen Abbild, sondern zudem seine Spiegelung in der glatten Kunststoffoberfläche – Schein und Sein verschmelzen zu einer faszinierenden Collage.

Im Innern des Hauses sind die Nutzungen vertikal klar gegliedert: Arbeiten im Erdgeschoss, Wohnen in den beiden Obergeschossen. Das Architekturbüro ist als offenes Atelier konzipiert, in dem es weder Windfang noch Sekretariat, Wartebereich oder Chefzimmer gibt. Besprechungen und Pausen finden bevorzugt im Freien, unter der Linde statt. Auch die beiden darüber liegenden Etagen folgen konsequent der Idee eines offenen, kommunikativen Hauses. Der Hauptraum der Familie ist kein klassisches Wohnzimmer, sondern vielmehr ein Allzweckraum: ein Treffpunkt zum Kochen, Essen, Arbeiten und Feste feiern – eine Familienwerkstatt, in der man auch mal sein Fahrrad flicken kann. Fast alle Möbel haben Rollen, um den unterschiedlichen Aktivitäten bei Bedarf Platz zu machen.

❙ Das Atelierhaus liegt inmitten der Altstadt von Dachau und orientiert sich auf einen kleinen Platz, der von einer mächtigen alten Linde beschirmt wird. Großzügige Öffnungen erlauben tiefe Einblicke in das Arbeits- und Familienleben in seinem Innern.

❙ Die Linde ist als zentrales Entwurfsmotiv überall präsent: Das Bild ihrer winterlich blattlosen Aststrukturen wurde auf die Fassadenverkleidung aus glasfaserverstärktem Kunststoff projiziert und legt sich nun als Abwicklung um das Gebäude.

I Im Westen bleibt eine schmale Gasse für Eingang und Zufahrt. Die nach außen geklappten Fensteröffnungen durchbrechen die Baumstruktur und setzen mit ihren kräftig orangefarbenen Innenseiten fröhlich bunte Akzente.

I Das Architekturbüro der Bauherren ist ein offener, lichtdurchfluteter Atelierraum, der das gesamte Erdgeschoss einnimmt.

I Im Treppenflur im Obergeschoss bestimmen Wände und Decken aus Sichtbeton sowie geschliffener Estrichboden den Raumeindruck – die Ästhetik des Rohbaus wird hier bewusst inszeniert, die Spuren des Bauprozesses bleiben sichtbar.

Dem unprätentiösen Konzept entspricht auch die robuste Materialisierung. Mit „kontrollierter Imperfektion" setzen die Architekten hier ganz bewusst ein Zeichen und wenden sich demonstrativ gegen das ästhetische Leitbild unserer Gesellschaft, das von den makellos durchgestylten Produkten der Autoindustrie bestimmt wird: Die Rohbauästhetik der unverputzten Betonoberflächen blieb erhalten. Kiesnester, Bruchkanten und andere sichtbare Spuren des Bauprozesses wurden nicht verdeckt oder kaschiert. Auch die Fassadenpaneele sind rau und lassen die einfache Lattenkonstruktion dahinter durchschimmern. Konsequent setzt sich diese Haltung auch in den groben Stahlgeländern und den einfachen, selbst entwickelten Regalsystemen aus MDF-Platten fort. Dass hier keine konventionelle Heizungsanlage zum Einbau kam, versteht sich von selbst: Eine Wärmepumpe mit Tiefenbohrung liefert die Energie für die selbstregulierende Niedertemperaturheizung und trägt zur umweltfreundlichen Energieversorgung des Hauses bei.

Eine elegante Stahlwendeltreppe führt ins Dachgeschoss, wo sich der Schlaftrakt der Eltern befindet. Ein Luftraum verbindet die beiden Ebenen miteinander und lässt das Licht auch von oben hereinfallen.

I Die Halle im Obergeschoss dient der Familie als Allzweckraum zum Kochen, Essen, Wohnen, Arbeiten oder Feste feiern. Möbel auf Rollen erhöhen die Flexibilität: Sogar die Kücheninsel lässt sich verschieben.

I Material und Verarbeitung sind robust und betont unkompliziert gehalten: Die einfachen, selbst entwickelten Regalsysteme aus MDF-Platten kamen auch im Kinderzimmer zum Einsatz.

Das Urteil der Jury:
Das Atelierhaus steht beispielhaft für eine Architektur, die ihre Qualität vor allem im geschickten Bezug zu ihrer Umgebung entfaltet: Das Gebäude sucht den Dialog mit der alten Linde, indem es sich mit allen Aufenthaltsräumen auf das Naturdenkmal orientiert. Auch die Fassade reflektiert und abstrahiert die organischen Baumstrukturen. Überzeugend gelöst ist die Kombination von Arbeits- und Wohnbereichen, die sich mit dem öffentlichen Stadtraum und den privaten Freiflächen verbinden. Die Details sind sorgfältig mit der Sichtbetonästhetik kombiniert und entwickeln einen besonderen Charme. Ein klares Konzept, das neue Formen für Wohnen und Arbeiten in der Stadt aufzeigt, den Außenraum klug mit einbezieht und zudem auf eine energieeffiziente Form der Wärmeversorgung setzt. Der Entwurf wurde mit dem dritten Preis ausgezeichnet.

Gebäudedaten

Grundstücksgröße: 534 m^2
Wohnfläche: 175 m^2
Zusätzliche Nutzfläche: 250 m^2 (Büro)
Anzahl der Bewohner: 4
Büroarbeitsplätze: 8
Bauweise: Massivbau (Sichtbeton), Dachgeschoss in Holzständerbauweise
Baukosten je m^2 Wohn- und Nutzfläche: ca. 1 647 Euro
Baukosten gesamt: ca. 700 000 Euro
Energiekonzept: Erdwärmepumpe
Heizwärmebedarf: 84 kWh/m^2a
Primärenergiebedarf: 63 kWh/m^2a
Fertigstellung: 2005

Lageplan

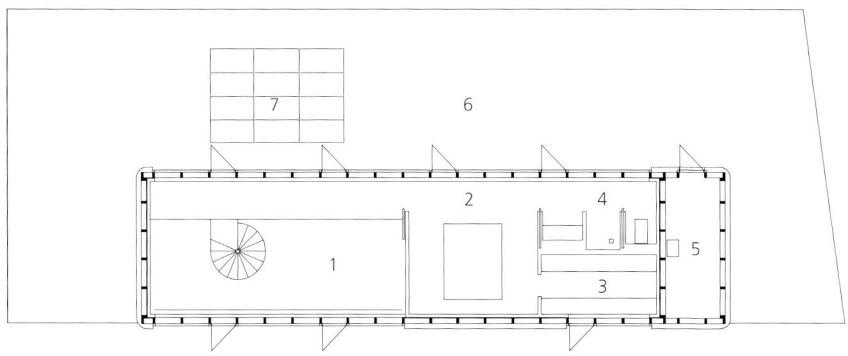

Dachgeschoss
M 1:200

1 Luftraum
2 Schlafen
3 Ankleide
4 Bad
5 Abstellraum
6 Dachterrasse
7 Sitzplatz

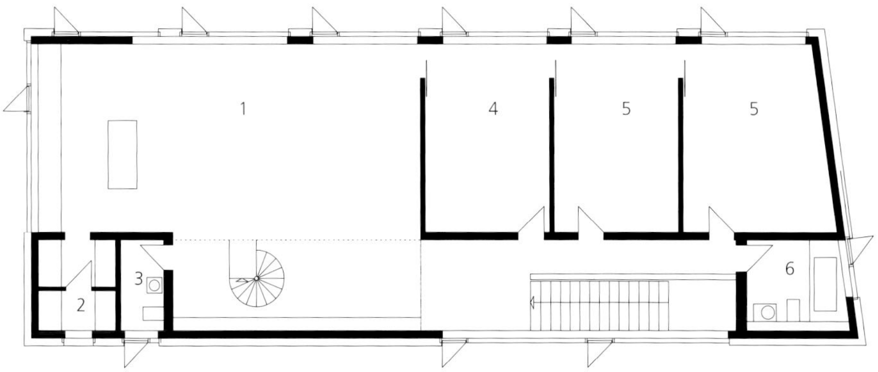

Obergeschoss
M 1:200

1 Kochen, Essen, Wohnen
2 Abstellraum
3 WC
4 Gäste
5 Kind
6 Bad

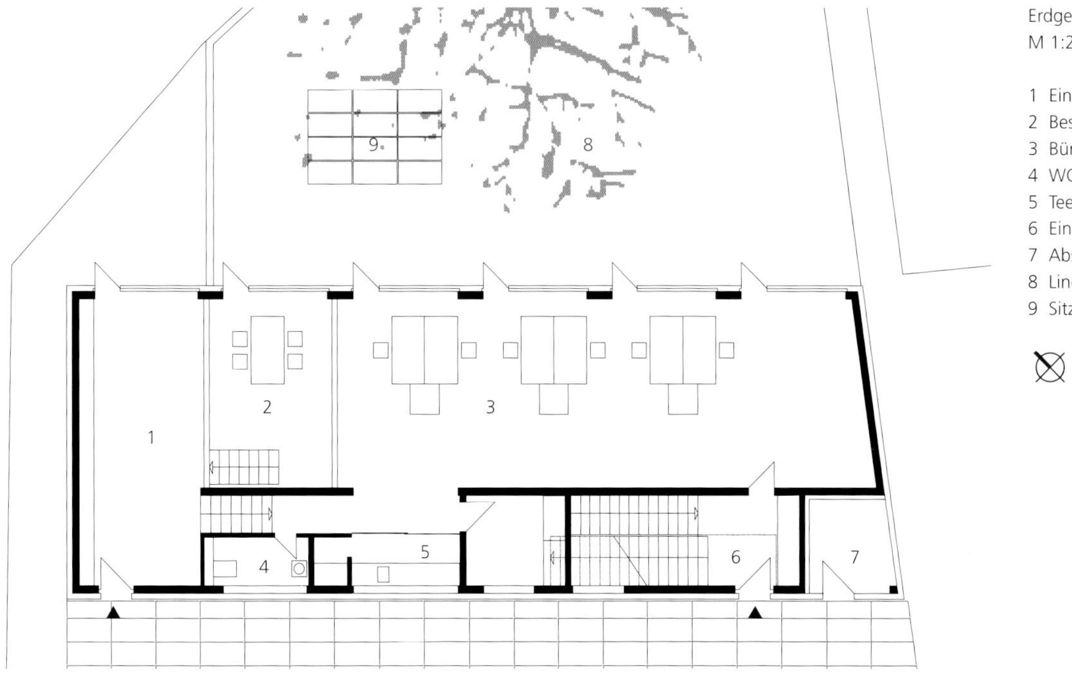

Erdgeschoss
M 1:200

1 Eingang Büro
2 Besprechung
3 Büro
4 WC
5 Teeküche
6 Eingang Wohnen
7 Abstellraum/Müll
8 Linde
9 Sitzplatz

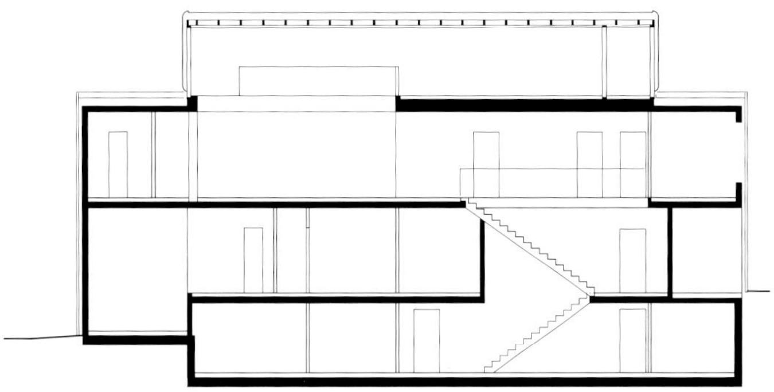

Schnitt
ohne Maßstab

Zusatzpreis: **Baurmann.Dürr Architekten, Karlsruhe**

Hoch gestapelt

Stadthaus in Karlsruhe

Mitten in der Stadt und doch im Grünen zu wohnen, ist gerade für junge Familien ein Traum. Doch oft endet die Idee vom individuellen Eigenheim in einem der unzähligen, gesichtslosen Neubaugebiete an der Peripherie, wo Bauland noch erschwinglich ist. Dabei kann man mit geschickter Planung auf einem kleinen Grundstück in zentrumsnaher Lage sogar eine wesentlich höhere Wohn- und Lebensqualität erzielen, wie dieses Baugruppen-Modellprojekt beweist.

Für das brachliegende Areal der ehemaligen Dragonerkaserne an der Hildapromenade, einem öffentlichen Grünzug, hatte das Stadtplanungsamt Karlsruhe eine wettbewerbsartige öffentliche Ausschreibung initiiert, die sich an private Baugruppen richtete: Es sollten Vorschläge für verdichteten Einfamilienhausbau gemacht werden, der – ohne Rendite eines Bauträgers – finanzierbare Alternativen für individuelles Wohnen bieten sollte. Zur Baugruppe, die den Zuschlag erhielt, gehörte auch das Architektenpaar Henning Baurmann und Susanne Dürr.

Das gesamte Areal umfasste gut 2 000 Quadratmeter und wurde im Lauf der Planung in acht Einzelgrundstücke aufgeteilt, die von 15 Bauherrenparteien mit ihren Architekten beplant wurden. Für die gesamte Hausgruppe – in der Regel teilen sich zwei Parteien eine Parzelle – galten gleiche Rahmenbedingungen: Das Grundstück wurde mit einer fünfgeschossigen, 13 Meter tiefen Zeile in vorgegebener Höhe bebaut. In allen Häusern wird ebenerdig vor dem Eingang geparkt, auf der Südseite schiebt sich ein eingeschossiger Vorbau in den Garten.

Die Gruppe einigte sich auf verbindliche Gestaltungsregeln, um sicherzustellen, dass niemand aus der Reihe tanzt. Als trennende und zugleich verbindende Elemente dienen die durchgehenden Schottenwände aus Betonmodulsteinen: Sie ragen als wiederkehrendes Motiv über Fassaden und Dächer hinaus und fassen die Häuser, die in Material, Farbe und Form variieren, optisch zu einer Einheit zusammen. Etwa in der Mitte liegt das Reihenhaus der Architekten, das sie gemeinsam mit einer befreundeten Familie bauten: Es setzt sich zusammen aus zwei übereinander gestapelten, etwa gleich großen Wohnungen, die sich in einer Etage miteinander verschränken. Getrennte Eingänge, unterschiedliche Orientierungen und Anordnungen der Freibereiche bieten beiden Parteien dennoch größtmögliche Privatheit.

Die „Erd-Wohnung" wird von der Architektenfamilie bewohnt. Ihr Zugang liegt an der östlichen Hausschotte. Sie reicht über zweieinhalb Etagen und nutzt den Garten sowie die Terrasse auf dem Vorbau im Süden. Die „Himmel-Wohnung" belegt ebenfalls zweieinhalb Etagen und wird über ein separates Treppenhaus an der westlichen

In dem fröhlich bunten Wohnregal sind die beiden Einheiten so geschickt miteinander verschränkt, dass jeder Partei ein Höchstmaß an Privatheit bleibt. Über ein separates Treppenhaus gelangt man in die obere Wohnung. Raumhohe Glasfronten, Schiebetüren in breiten Eichenholzrahmen und orangerote Lüftungsklappen prägen die Fassade.

WT SD 900

Links: Die fünfgeschossige Zeilenbebauung mit Stadthäusern wird im Norden über eine Anliegerstraße erschlossen. Zwar variieren die einzelnen Gebäude in Materialwahl und Fassadengestaltung – die wiederkehrenden Schottenwände aus Betonmodulsteinen fassen sie jedoch optisch zu einer Einheit zusammen.

Leichte Stahltreppen sorgen für Blicktransparenz. Trotz der Gebäudetiefe von 13 Metern wirken die Räume angenehm hell und luftig.

Der Eingangsbereich ist gemeinsames Foyer, offenes Spielzimmer und überdachter Stellplatz zugleich. Mit einem Bodenbelag aus Rheinkieseln wird er deutlich vom öffentlichen Straßenraum abgesetzt.

Hausschotte erschlossen. Sie erstreckt sich vom zweiten Obergeschoss, dessen Fläche sie mit der anderen Wohnung teilt, bis unters Dach. Eine großzügige, südorientierte Sonnenterrasse sowie ein hausbreiter Balkon im Norden dienen als gleichwertiger Ersatz für den fehlenden Garten.

Obwohl sich die Wohnungen ähneln, hat jede doch ihren eigenen Charakter: Sie variieren nicht nur in Materialwahl und Ausstattung, sondern auch in Freiraumbezug und Ausblick. Sogar die zweigeschossigen Atrien, die das Licht tief ins Innere holen, sowie die Treppenräume wurden unterschiedlich gestaltet. Aber auch die Tatsache, dass sich Familienstrukturen langfristig ändern, wurde vorausschauend bedacht: An mehreren Stellen sind Möglichkeiten einer nachträglichen Trennung oder Verbindung – beispielsweise über Schalträume, Leichtbauwände – sowie eines zusätzlichen Zugangs vorgesehen, um die Wohnungen bei Bedarf auch anders aufteilen zu können. Damit ist hier ein ebenso schönes wie praktisches Haus entstanden – und zugleich ein lebendiges, attraktives Stück Stadt.

I Der Wohnbereich ist zwei Stufen unter das Eingangsniveau abgesenkt und gewinnt so zusätzlich an Höhe. Der durchgängige Bodenbelag aus anthrazitfarbenem Schiefer bestimmt den Raumeindruck, orangerote und grüne Türen setzen kräftige Farbakzente.

I Deckenhohe Schiebetüren erweitern den Wohnraum auf die vorgelagerte Terrasse, an die sich der kleine Hausgarten anschließt.

▌Blick auf die Südseite: Während sich die untere Wohnung mit Sitzplatz und Garten ins Grüne erweitert, bietet die obere Wohnung mit einer acht Meter breiten Dachterrasse ganz andere Freiraumqualitäten – und zudem eine optimale Fernsicht.

▌In das Atrium fallen die Sonnenstrahlen auch von oben herein und versorgen das Arbeitszimmer im Hintergrund mit natürlichem Licht.

▌Die geräumige Wohnküche in der mittleren Etage bildet den kommunikativen Mittelpunkt des Hauses. Der graue Betonstein wurde im Innern sichtbar belassen und macht die Schottenstruktur deutlich ablesbar.

Das Urteil der Jury:

Der Entwurf bietet eine vorbildliche Lösung für individuelles verdichtetes Wohnen in der Stadt: Auf geringer Grundfläche sind mit einem kompakt organisierten Grundriss zwei großzügige, offen gestaltete Einheiten entstanden. Die getrennte Erschließung durch separate Zugänge und Treppenräume bietet jeder Partei ein hohes Maß an Privatheit. Garten, Dachterrasse und Atrien beziehen auch den Freiraum geschickt mit ein. Auf der Suche nach neuen Formen urbanen, flächensparenden Wohnens wurden hier mit intelligenter Planung sehr differenzierte Raumqualitäten geschaffen. Der Entwurf wurde mit einem Zusatzpreis ausgezeichnet.

Gebäudedaten

Grundstücksgröße: 287 m²
Wohnfläche: 389 m²
Zusätzliche Nutzfläche: 91 m²
Anzahl der Bewohner: Erd-Wohnung 5, Himmel-Wohnung 4
Bauweise: massive Schottenbauweise (Betonsteine), Stahlbetondecken
Baukosten je m² Wohn- und Nutzfläche: ca. 1 041 Euro
Baukosten gesamt: ca. 500 000 Euro
Energiekonzept: Fernwärme über eigenes Nahwärmenetz
Primärenergiebedarf: 75 kWh/m²a
Fertigstellung: 2005

I Auch die obere Wohnung öffnet sich mit einer raumhohen Verglasung nach Süden. Die großzügige Dachterrasse bietet einen sichtgeschützten Aufenthaltsbereich unter freiem Himmel und dient als gleichwertiger Ersatz für den fehlenden Garten.

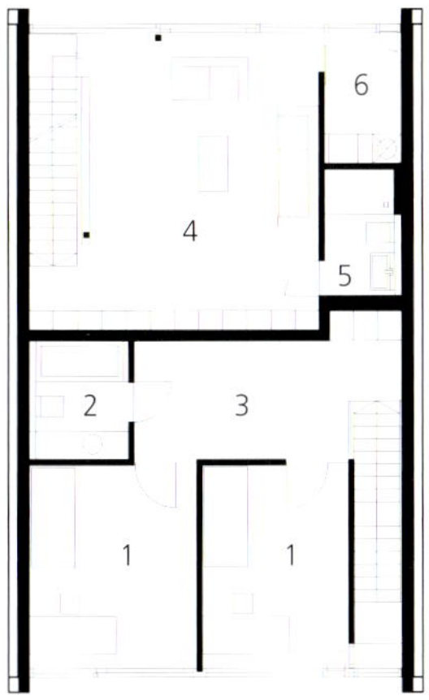

2. Obergeschoss
M 1:250

Wohnung 1:
1 Kind
2 Kinderbad
3 Spielflur
Wohnung 2:
4 Wohnen
5 Dusche
6 Wäsche/Hauswirtschaft

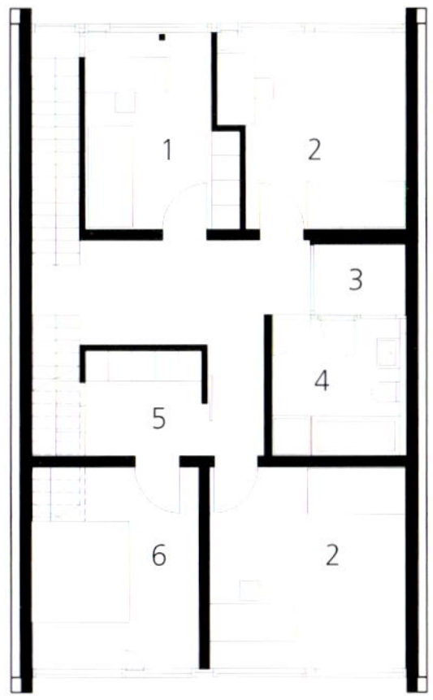

3. Obergeschoss
M 1:250

Wohnung 2:
1 Arbeiten/Gäste
2 Kind
3 Lichthof
4 Bad
5 Ankleide
6 Eltern

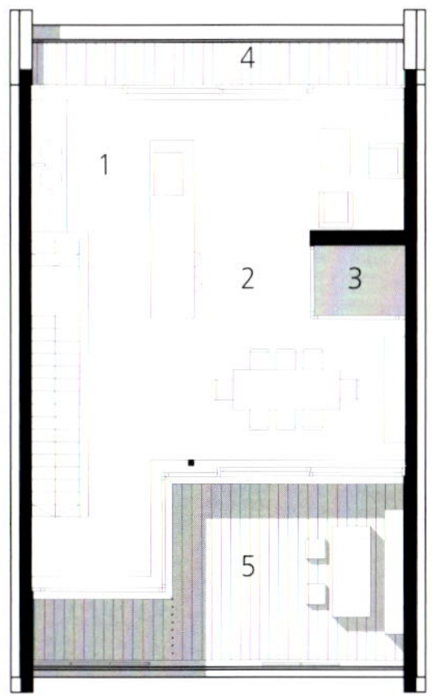

Dachgeschoss
M 1:250

Wohnung 2:
1 Kochen
2 Essen/Wohnen
3 Luftraum
4 Balkon
5 Dachterrasse

Isometrie
ohne Maßstab

Die Sprengisometrie veranschaulicht das Konzept: die untere Wohnung (orange) und die obere Einheit (grün) verzahnen sich miteinander.

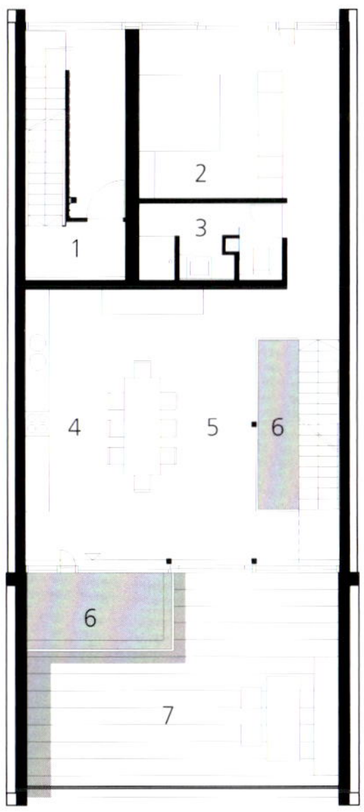

1. Obergeschoss
M 1:250

1 Treppenhaus/Zugang Wohnung 2
Wohnung 1:
2 Schlafen
3 Elternbad
4 Kochen
5 Essen
6 Luftraum
7 Terrasse

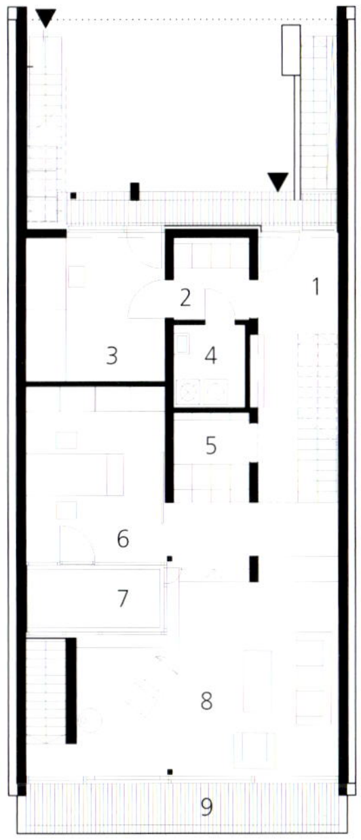

Erdgeschoss
M 1:250

Wohnung 1:
1 Entrée
2 Garderobe
3 Kind/Gäste
4 Wäsche/Hauswirtschaft
5 Schrankraum
6 Arbeiten
7 Lichthof
8 Wohnen
9 Terrasse

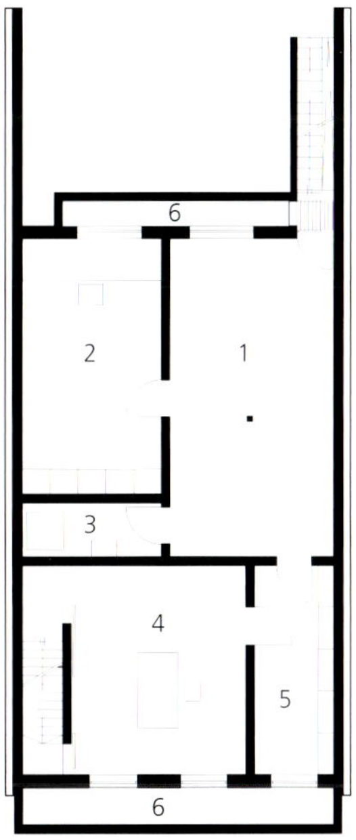

Untergeschoss
M 1:250

1 Abstellraum/Fahrräder
2 Keller (Wohnung 2)
3 Technik/Heizung
4 Gäste/Arbeiten (Wohnung 1)
5 Abstellraum (Wohnung 1)
6 Lichtschacht

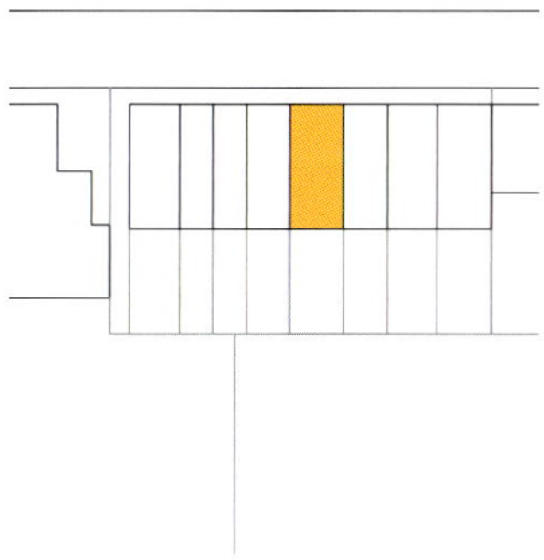

Lageplan

Auf der Sonnenseite

Hier hat die Zukunft schon begonnen: Die Ulmer Passivhaus-Siedlung „Im Sonnenfeld" entstand im Rahmen der EXPO 2000 als dezentrales, ökologisches Modellprojekt. Aus der Vielzahl der Gebäude, die hier im Lauf der vergangenen Jahre errichtet wurden, sticht eines besonders hervor: Es ist ein Passivhaus wie alle anderen – und sieht doch völlig anders aus. Seine äußere Hülle besteht aus oxidierten Cor-Ten-Stahl-Platten, deren raue, rostig-braune Oberflächen für ein futuristisches Aussehen sorgen und den scharfkantigen Baukörper wie ein abstraktes Kunstwerk erscheinen lassen.

Mit der Wahl dieses ungewöhnlichen Fassadenmaterials folgten die Planer dem Wunsch der Bauherren nach einer Außenhaut, die sich von den gängigen Gestaltungsklischees des typischen Passivhauses abheben sollte. Auch bei der Montage der stählernen Hülle, die gänzlich ohne sichtbare Schraub- oder Nietbefestigungen auskommt, bewiesen die Architekten Mut zum Experiment: Die Platten wurden auf eine Aluminium-Edelstahl-Unterkonstruktion geklebt, sodass die Befestigung verborgen bleibt. Weder Attikablech noch Fenstersims stören die strenge, scharf umrissene Kontur.

Die innere Organisation des Hauses entspricht seiner äußeren Klarheit: Die kompakte Form ist streng geometrisch aufgebaut, nur an der Nordseite dockt ein vorspringender Bauteil wie ein Rucksack an das Gebäude an und nimmt den Eingangsbereich auf. Das Erdgeschoss ist als offenes Raumkontinuum gestaltet, das sich mit deckenhohen Glasfronten nach Süden, zur Sonne hin orientiert. Diese Ebene wird lediglich durch eingestellte Wandscheiben zoniert, sodass sich abwechslungsreiche Blickbeziehungen innerhalb des Gebäudes ergeben. Den Mittelpunkt des Familienlebens bildet die Küche, seitlich flankiert von Essplatz sowie Wohnbereich mit Bibliothek.

Auch das Obergeschoss, in dem sich die Schlafräume der Eltern und Kinder befinden, überrascht durch seinen unkonventionellen Grundriss: Im Zentrum liegt ein großzügiger offener Wellnessbereich, der Bade-, Ruhe- und Wohnraum zugleich ist. Waschtisch und Wanne sind mittig im Raum platziert und in ein Holzmöbel eingelassen, das sich bei Bedarf mit einer passenden Abdeckung zur Liegefläche umfunktionieren lässt. Zusätzliche Entspannungsmöglichkeiten bietet ein separates Dampfbad, das in einen fensterlosen Raum an der Nordseite eingebaut ist. Neben seiner außergewöhnlichen Architektur bietet das Haus damit auch eine ungewöhnlich hohe Wohnqualität. Nicht zuletzt die Tatsache, dass das Gebäude mit einem extrem niedrigen Jahresheizwärmebedarf von 13 kWh/m^2 auskommt, macht es zu einem attraktiven Haus für die Zukunft – gänzlich befreit vom biederen Öko-Image.

Auf der Südseite öffnet sich das Passivhaus mit großen Glasfronten zur Sonne und gibt sein Innenleben preis. Die äußere Hülle des kompakten Baukörpers wurde mit großformatigen Platten aus Cor-Ten-Stahl verkleidet.

Mit sparsam gesetzten, schlitzartigen Öffnungen gibt sich die Nordfassade relativ verschlossen. Die Verkleidung ist ohne sichtbare Schrauben oder Nieten befestigt und lässt das Haus wie ein abstraktes Kunstwerk erscheinen.

❙ Als leicht vorspringender Bauteil tritt der Eingangsbereich aus der Fassadenebene heraus. Die warmen Erdfarben der rostigen Stahlplatten changieren je nach Lichteinfall von Rotbraun bis Dunkelgrau.

❙ Da die Wandscheiben weit hinter die Glasfassade zurücktreten, ergibt sich an der Südseite eine durchgehende Blickachse über die gesamte Länge des Gebäudes.

Auf der Südseite öffnet sich das Passivhaus mit großen Glasfronten zur Sonne und gibt sein Innenleben preis. Die äußere Hülle des kompakten Baukörpers wurde mit großformatigen Platten aus Cor-Ten-Stahl verkleidet.

Mit sparsam gesetzten, schlitzartigen Öffnungen gibt sich die Nordfassade relativ verschlossen. Die Verkleidung ist ohne sichtbare Schrauben oder Nieten befestigt und lässt das Haus wie ein abstraktes Kunstwerk erscheinen.

Als leicht vorspringender Bauteil tritt der Eingangsbereich aus der Fassadenebene heraus. Die warmen Erdfarben der rostigen Stahlplatten changieren je nach Lichteinfall von Rotbraun bis Dunkelgrau.

Da die Wandscheiben weit hinter die Glasfassade zurücktreten, ergibt sich an der Südseite eine durchgehende Blickachse über die gesamte Länge des Gebäudes.

Im Erdgeschoss fließen die Räume um das zentrale Treppenhaus, zoniert nur durch einzeln eingestellte Wandscheiben.

Eine Tür als Tafel: Auf dem Schiebeelement, das den Essplatz vom Flur abteilt, können die Kinder ihrer Kreativität freien Lauf lassen.

Oben: Als offener Raum ist auch das Bad im Obergeschoss gestaltet, das durch ein Oberlicht zusätzlich erhellt wird. Waschtisch und Wanne sind in ein maßgefertigtes Holzmöbel integriert.

Auch die Küche im Zentrum des Erdgeschosses hält über raumhohe Glasfronten Sichtkontakt nach draußen.

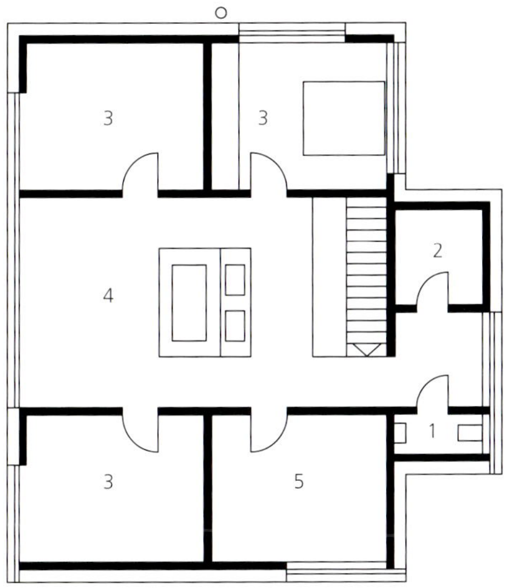

Obergeschoss
M 1:200

1 WC
2 Dampfbad
3 Zimmer
4 Wohnen/Baden
5 Hauswirtschaft/Technik

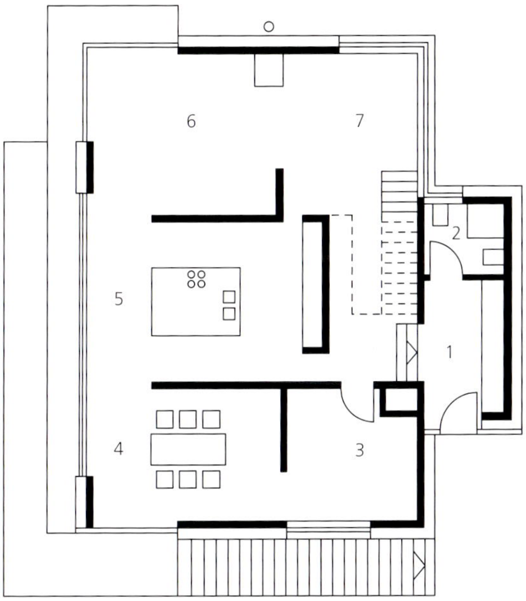

Erdgeschoss
M 1:200

1 Windfang/Garderobe
2 Dusche/WC
3 Zimmer
4 Essen
5 Kochen
6 Wohnen
7 Lesen

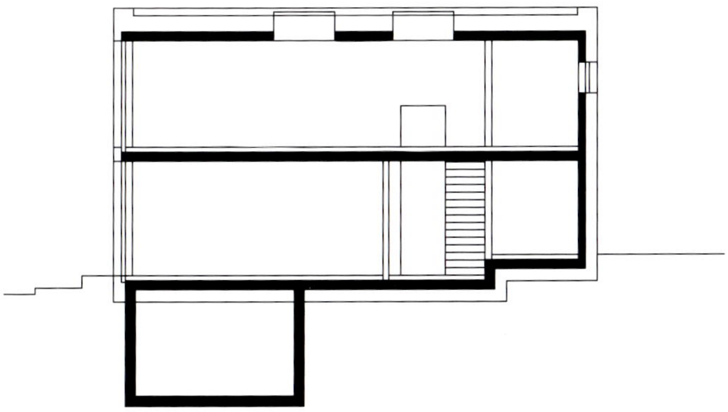

Schnitt
M 1:200

Gebäudedaten

Grundstücksgröße: 928 m²
Wohnfläche: 230 m²
Anzahl der Bewohner: 5
Bauweise: Massivbau mit vorgehängter hinterlüfteter Cor-Ten-Stahlfassade
Baukosten: keine Angaben
Energiekonzept: Passivhaus, Gastherme mit Fußbodenkonvektoren und Einzelraumsteuerung, mechanische Lüftungsanlage mit Wärmerückgewinnung und Erdwärmetauscher, Kaminofen (mit Unterdruckabschaltung der Lüftung)
Heizwärmebedarf: 13 kWh/m²a
Primärenergiebedarf: 37 kWh/m²a
Fertigstellung: 2005

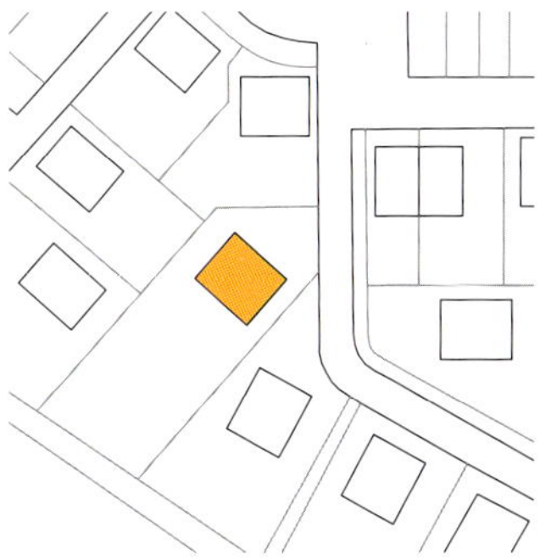

Lageplan

Planung mit System

Einfamilienhaus bei Stuttgart

Familienhäuser müssen ihren Bewohnern ausreichend Platz, Bewegungsfreiheit und geeignete Rückzugsmöglichkeiten bieten. Doch nicht nur die aktuelle Lebenssituation sollte in die Planungsüberlegungen mit einfließen – auch künftige Entwicklungen gilt es zu bedenken: Ist der Grundriss flexibel genug, um sich wandelnden Bedürfnissen, Wohnansprüchen oder beispielsweise Veränderungen der Personenzahl unkompliziert anpassen zu können? Diese Themen beschäftigten auch die junge Familie, die sich in der Nähe von Stuttgart ihr neues Domizil baute: Für drei Personen hatte die Planung begonnen, beim Einzug waren es schon vier.

Die Architekten entsprachen dem Wunsch der Bauherren nach größtmöglicher Veränderbarkeit des Grundrisses mit einem Gebäude, das auf verschiedenen Ebenen differenzierte Gemeinschafts- und Privaträume anbietet. Als Tragstruktur dienen dicke Service-Wände, die dem Haus ein klares, gebautes Ordnungssystem vorgeben, das zugleich wichtige Funktionen – beispielsweise für Erschließung oder Installation – übernimmt. In den Zwischenräumen dieser streng linearen Struktur entstehen flexibel nutzbare Flächen, die sich nach dem Setzkastenprinzip aufteilen lassen: Alle Wände, die quer zu den schmalen Funktionsstreifen verlaufen, sind nicht tragend und somit frei veränderbar. Je nach Bedarf können unterschiedliche Räume, Raumfolgen oder auch völlig offene Zonen gebildet werden. Da die einzelnen Funktionsscheiben leicht gegeneinander verschoben sind, bleibt die ausreichende Belichtung nach wie vor gewährleistet.

Der Grundriss des Hanghauses baut auf einem Split-Level-Konzept auf. Das Gartengeschoss liegt eine halbe Ebene unter Eingangsniveau. Es ist als offenes Raumkontinuum angelegt, das sich von der Küche über die grüne Oase mit Baum im Zentrum bis in den Wohnbereich erstreckt. In der oberen Etage verbindet eine Brücke, die am zweigeschossigen Luftraum vorbeiführt, den Kinder- und Gästeflügel auf der Nordseite mit dem Elternbereich im Süden.

Die heutige Raumaufteilung ist aber nur eine von vielen Möglichkeiten: Die Split-Level-Erschließung über den Eingangsbereich mit Treppenhaus an der Ostfassade ermöglicht es beispielsweise, mit geringem Aufwand die beiden halbgeschossig versetzten Ebenen horizontal voneinander zu trennen und zwei unabhängige Einheiten zu bilden. Die Möglichkeit, den Luftraum zu schließen, um das Haus axial zu erweitern, ist ebenso angedacht wie eine weitere Unterteilung des Obergeschosses: Eltern- und Kindertrakt könnten sogar eines Tages als eigenständige Einheiten voneinander abkoppelt werden, da die Erschließung über das mittige Treppenhaus nach wie vor sichergestellt wäre.

I Das ebenso klare wie konsequent aufgebaute Ordnungsprinzip des Hauses spiegelt sich auch an der Fassade wider: Die tragenden Elemente der Gebäudestruktur sind mit einer Holzschalung aus sibirischer Lärche verkleidet, die Zwischenräume wurden mit Glas- und Putzflächen geschlossen.

I Das Haus liegt auf einem exponierten Eckgrundstück am Hang und ist an drei Seiten von Verkehrsflächen umgeben. An der Zufahrtsseite im Norden bildet ein Carport die Übergangszone zur Straße.

I Der verglasten Gartenfassade im Westen ist eine Stahlkonstruktion vorgestellt, in die der Sonnenschutz integriert ist.

I An die zweigeschossige Halle schließt sich der Kamin- und Fernsehraum an. Mit seiner geringeren Deckenhöhe wirkt er wesentlich intimer.

I Das Erdgeschoss ist als offenes Raumkontinuum konzipiert. Die großzügige holzgedeckte Terrassenplattform mit Sitzplatz und Wasserbassin bildet die Übergangszone zum Garten.

I Überall ist die Natur präsent: Auch von Küche und Essplatz aus bieten sich schöne Aussichten ins Grüne.

Der Baum im Zentrum der Wohnebene holt die Natur ins Haus. Im Obergeschoss verbindet eine Brücke Eltern- und Kindertrakt miteinander.

Blick von der Galerie in der oberen Etage: Der Luftraum macht das Haus in seiner gesamten Höhe erlebbar, die Glasfronten erweitern es auch optisch ins Freie.

Schnitt ohne Maßstab

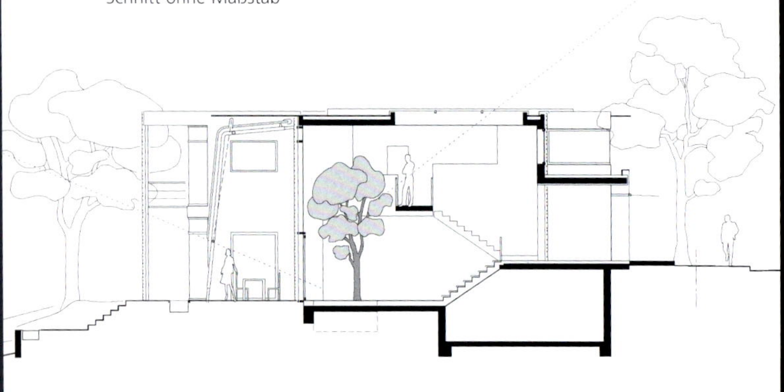

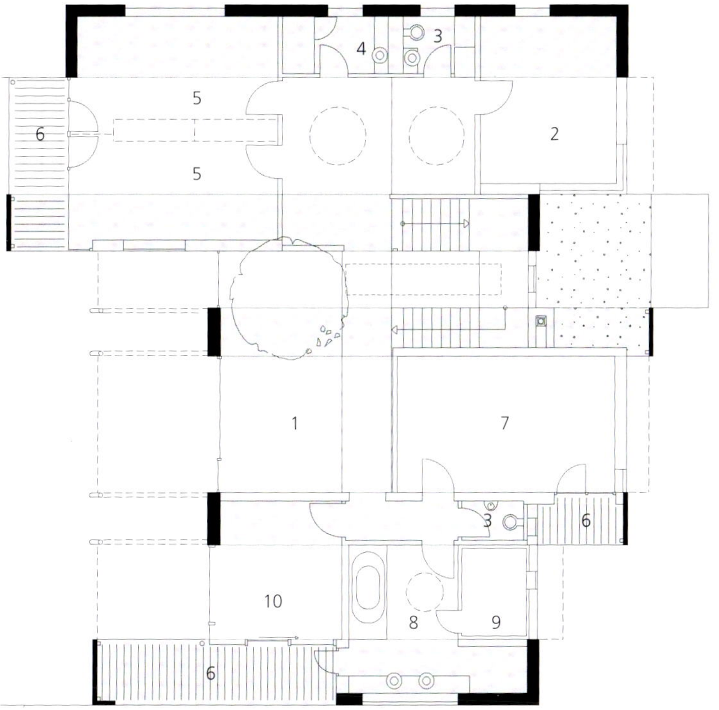

Obergeschoss
M 1:200

1 Luftraum
2 Gast
3 WC
4 Kinderbad
5 Kind
6 Balkon
7 Elternzimmer
8 Elternbad
9 Sauna
10 Zimmer

Gebäudedaten

Grundstücksgröße:
ca. 780 m²
Wohnfläche: 300 m²
Zusätzliche Nutzfläche:
115 m²
Anzahl der Bewohner: 4
Bauweise: Holzständerbau, erdberührende Bauteile gegen Hang in Stahlbetonkonstruktion
Baukosten: keine Angaben
Energiekonzept: Gasbrennwerttherme, Fußbodenheizung, Kaminofen für Übergangszeiten, passive solare Wärmegewinne
Heizwärmebedarf:
60 kWh/m²a
Primärenergiebedarf:
92 kWh/m²a
Fertigstellung: 2006

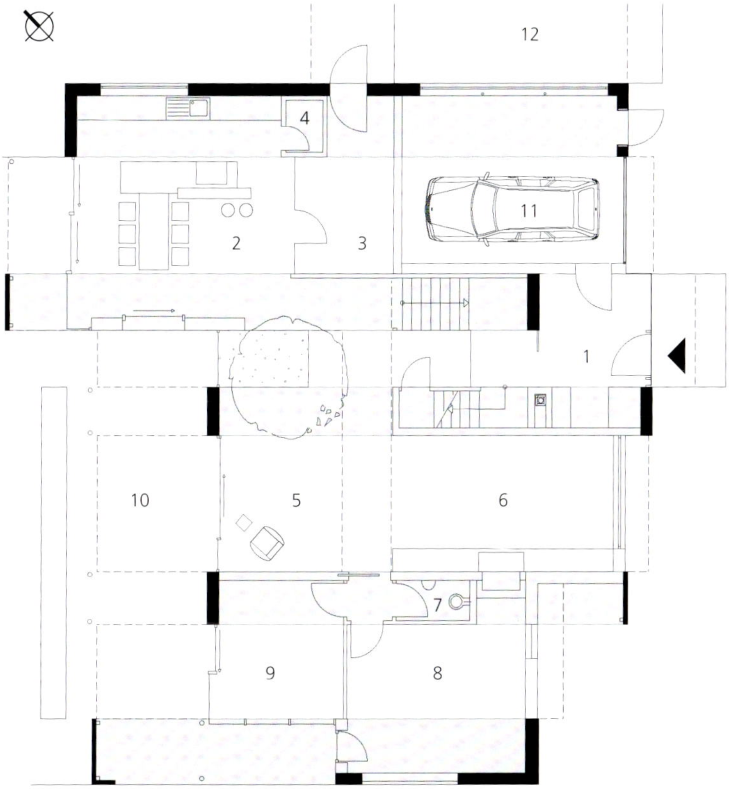

Erdgeschoss
M 1:200

1 Eingang
2 Kochen/Essen
3 Hauswirtschaft
4 Speisekammer
5 Oase/Wohnen
6 Kaminzimmer
7 WC
8 Zimmer
9 Damenzimmer
10 Terrasse
11 Garage
12 Carport

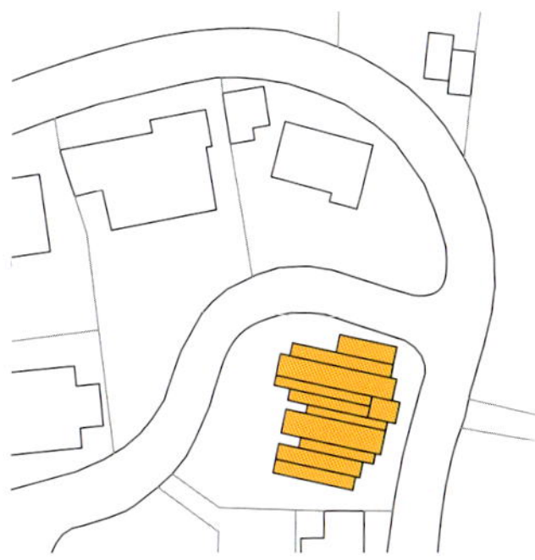

Lageplan

Recycling de Luxe

Einfamilienhaus in Luxemburg

Am Anfang stand hier eine Holzhausruine: Das alte Blockhaus hatten die Bauherren zusammen mit dem idyllisch gelegenen, weitläufigen Grundstück am Rand einer Waldlichtung erworben. Der außergewöhnliche Bauplatz bot reizvolle Blickbeziehungen entlang eines Waldsaums sowie über ein ausgedehntes Tal hinweg. Dass ihr neues Domizil inmitten dieser grandiosen Natur wieder ein Holzhaus werden sollte, stand für die Familie außer Frage. Doch was sollte mit dem Bestand geschehen?

Aus der Vorgabe, das Vorhandene so weit wie möglich wiederzuverwenden und in den Neubau zu integrieren, entwickelten die Architekten ein ebenso ungewöhnliches wie beispielhaft ressourcenschonendes Konzept: Das Blockhaus wurde zunächst komplett demontiert, um das massive Sockelgeschoss freizulegen. Auf dessen Deckenplatte wurde anschließend der Neubau errichtet. Dabei gelang es den Planern, die enormen Mengen an Bauholz vor Ort wieder zu nutzen: Etwa 70 Prozent der alten Leimbinder konnten sie für die neue Konstruktion einsetzen. Und sogar die alten Blockhausbohlen fanden eine sinnvolle Zweitverwertung: Sie wurden für die innere Schalungsebene des Holzhauses verwendet und dienen nun als zusätzliche Speichermasse, die dem Raumklima zugute kommt.

Um Platz für das umfangreiche Raumprogramm zu schaffen, musste das vorhandene Sockelgeschoss jedoch nicht nur instand gesetzt, sondern auch erweitert werden: Heute befinden sich im Souterrain neben den Kellerräumen auch der neu gestaltete Eingangsbereich mit Zufahrt und Garage sowie eine Einliegerwohnung. Der Wohntrakt im Südwesten liegt ein halbes Geschoss höher auf der Gartenseite und lehnt sich mit seinem Fundament an den alten Sockel an. Er ist ein gläserner Pavillon, der sich zu Natur und Landschaft hin öffnet und mit einem zusammenhängenden Wohn-, Ess- und Kochbereich den Lebensmittelpunkt der vierköpfigen Familie bildet. Auf der Nordseite formt eine komplett mit Lärchenleisten verkleidete Holzrahmenkonstruktion den schützenden Rücken des filigranen Glashauses: Um ein weiteres Halbgeschoss nach oben versetzt sind hier die Schlafräume und Bäder untergebracht.

Auch beim Innenausbau verfolgten die Architekten die Idee des Holzhauses konsequent weiter: Sämtliche Decken- und Wandpaneele sowie der Parkettboden sind durchgängig aus Ahornholz, dessen helle, warmtonige Oberflächen zum homogenen Raumeindruck beitragen. Mit einigen wenigen, harmonisch aufeinander abgestimmten Materialien setzten die Planer gezielte Akzente: mit weißem Corian in Küche und Nassbereichen, mit Kieselsteinböden in den Bädern sowie hellem burgundischem Kalkstein in den Räumen im Sockelgeschoss.

I Eingebunden in eine einzigartige Naturlandschaft am Rand einer Waldlichtung präsentiert sich dieser ungewöhnliche Neubau. Dem gläsernen Pavillon, um den sich ein schützender Rücken aus Lärchenholz legt, sieht man seine Vergangenheit nicht an: Das Bauholz stammt zu großen Teilen aus dem Abbruchmaterial eines alten Blockhauses.

I Im Norden zeigt sich das Haus relativ verschlossen: In der oberen Ebene sind die Schlafräume untergebracht, im Hanggeschoss befindet sich eine Einliegerwohnung, die sich über eine großzügige Holzplattform ins Freie erweitert.

I Im Innern wird die Idee des Holzhauses konsequent weitergeführt: Vom Parkettboden über die Wandverkleidungen bis hin zur Deckentäfelung ist alles aus Ahornholz.

I Auch von der Küche aus hat man die Natur stets im Blick. Die Grenzen zwischen innen und außen scheinen zu verschwimmen.

❙ Mit einer ringsum laufenden Glasfront profitiert der Wohnbereich auf der Südwestseite von der fantastischen Aussicht auf die umgebende Natur.

❙ Die Treppe an der Rückwand des Kamins führt vom Wohnbereich direkt in den erhöht liegenden Schlaftrakt.

Gebäudedaten

Grundstücksgröße: 3 500 m^2
Wohnfläche: 357 m^2
Zusätzliche Nutzfläche: 167 m^2
Anzahl der Bewohner: 4
Bauweise: Holzrahmenbau auf massivem Sockel
Baukosten: keine Angaben
Energiekonzept: Gasbrennwerttherme, kontrollierte Wohnraumlüftung mit Wärmerückgewinnung
Heizenergiebedarf: 44 kWh/m^2a
Fertigstellung: 2006

I Eine halb transparente, hölzerne Lamellenwand trennt den Erschließungsflur in der Schlafebene optisch vom Wohnraum ab.

I Auch das Duschbad im Elterntrakt wurde aufwändig mit Holz ausgekleidet. Der Kieselsteinboden sorgt für einen reizvollen Materialkontrast.

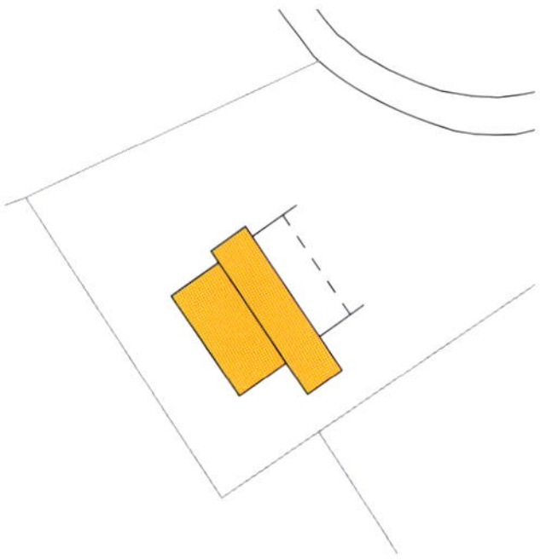

Lageplan

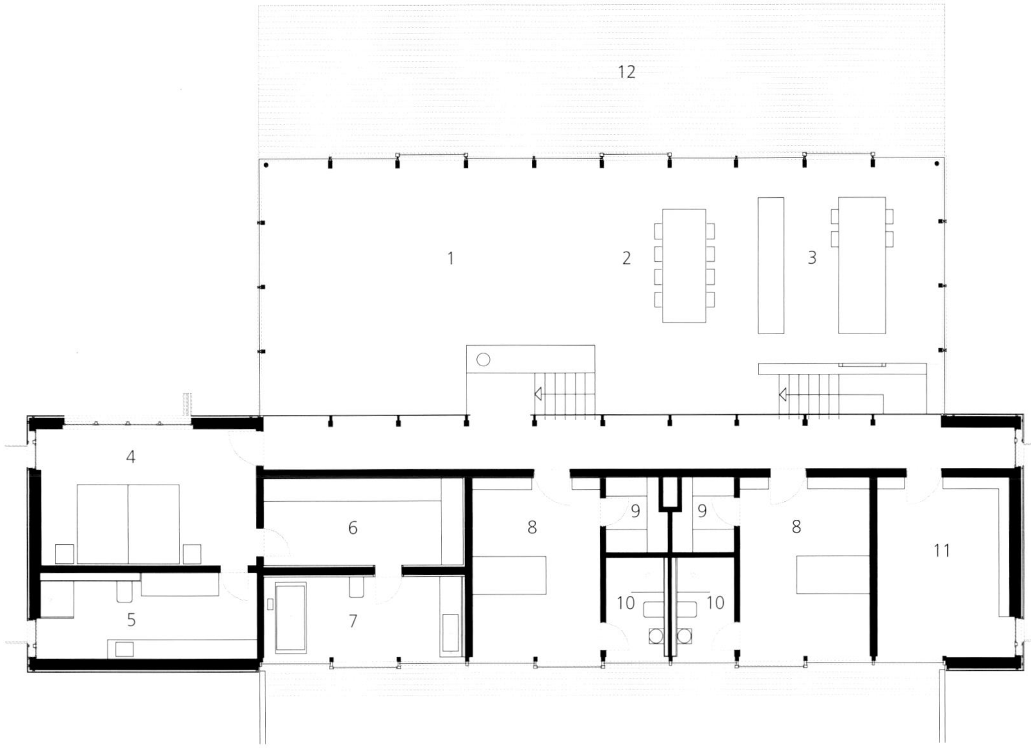

Gartengeschoss
M 1:200

1 Wohnen
2 Essen
3 Kochen
4 Schlafen Eltern
5 Dusche/WC Eltern
6 Ankleide
7 Elternbad
8 Kind
9 Ankleide Kind
10 Dusche/WC Kind
11 Büro
12 Terrasse

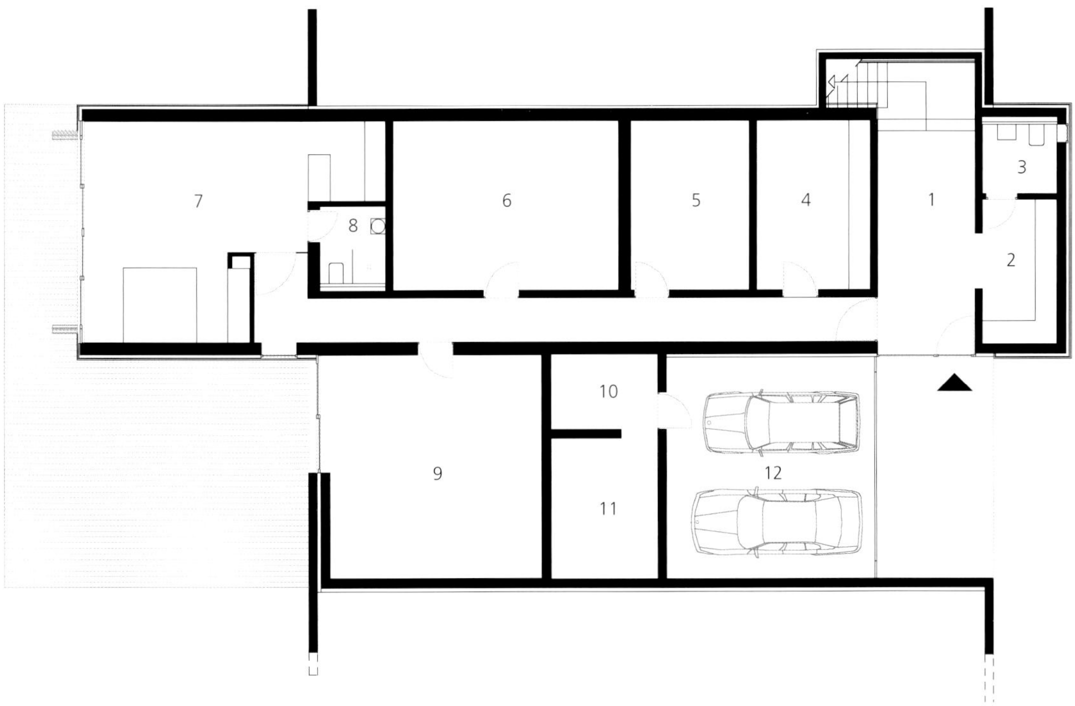

Eingangsgeschoss
M 1:200

1 Eingangsbereich/Diele
2 Garderobe
3 WC
4 Hauswirtschaft
5 Heizung
6 Keller
7 Einliegerwohnung
8 Duschbad
9 Hobbyraum
10 Abfall
11 Hausanschluss
12 Garage

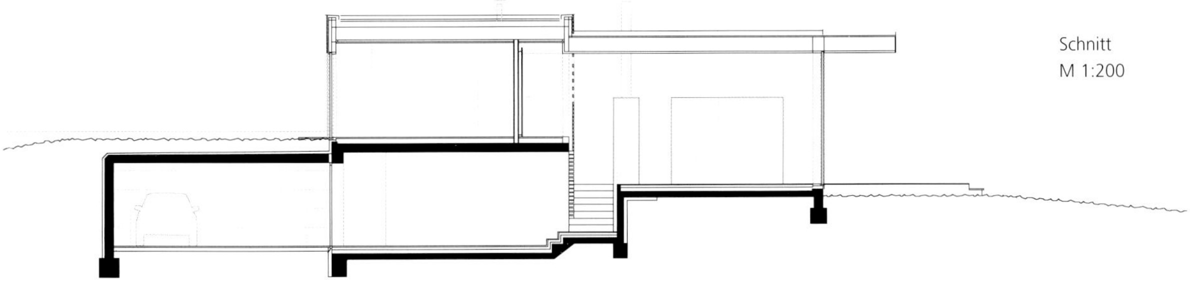

Schnitt
M 1:200

Im Musikviertel, wie Leipzigs Südwestvorstadt auch genannt wird, entstanden ab 1880 zahlreiche repräsentative öffentliche Gebäude – darunter auch die neue Konzerthalle des Gewandhausorchesters –, prunkvolle Villen sowie mehrgeschossige Wohn- und Bürgerhäuser im Stil der Gründerzeit. Dieser städtebaulich besonders wertvolle, durch geschlossene Quartiersstrukturen klar gegliederte Bereich wurde durch die Bomben des Zweiten Weltkriegs schwer beschädigt. Baulücken und Brachflächen, die teilweise mit Plattenbauten gefüllt wurden, lassen bis heute das Ausmaß der Zerstörung erahnen. Um die alten Strukturen zu erhalten und zu ergänzen, hat die Stadtverwaltung im Jahr 2002 begonnen, hier Neubauten gezielt zu unterstützen und zu fördern: Ihre Initiative „Stadthäuser in Leipzig" soll gerade auch jungen Familien die Schaffung von Wohneigentum in zentrumsnahen Lagen erleichtern und ihre Abwanderung ins Umland verhindern.

Auch die drei Reihenhäuser entstanden im Rahmen dieser Initiative: Sie wurden von einer privaten Bauherrengruppe erstellt und schließen sich zu einem skulpturalen Monolith zusammen, dessen Größe mit der umgebenden Gründerzeitbebauung korrespondiert. Während die Straßenfront in Anspielung auf die Industriearchitektur eine Klinkerverblendung mit einer zweigeschossigen Fensterreihe erhielt, wurde die Fassade auf der Gartenseite mit einer Holz-Glas-Konstruktion ausgefacht.

Die Räume verteilen sich über vier Ebenen, denen jeweils differenzierte Freibereiche – Gärten, Terrassen oder Balkone – vorgelagert sind. Auf der Eingangsseite im Erdgeschoss springt der Baukörper weit zurück, sodass ein überdachter Autostellplatz entsteht. In dieser Ebene befindet sich eine abtrennbare Einheit, die als Gäste- oder Einliegerwohnung gedacht ist. Ein Geschoss höher, in der „Belle Etage", bildet ein beidseitig belichteter offener Wohn-, Koch- und Essbereich den kommunikativen Mittelpunkt des Hauses. Im zweiten Obergeschoss sind die Kinderzimmer untergebracht, in der obersten Etage haben die Eltern einen zurückgezogenen Schlaf- und Arbeitsbereich, der an einen kleinen introvertierten Patio angrenzt.

Bei der Grundrissgestaltung wurde Flexibilität großgeschrieben: Der Ausbaugrad – drei oder vier Geschosse – sowie die Ausstattung wurden den konkreten Bedürfnissen der Bauherrenfamilien angepasst. Die notwendigen statischen und bautechnischen Vorkehrungen für den späteren Aufbau des Dachgeschosses wurden bereits getroffen, auch ein Aufzug lässt sich nachrüsten. Als positives Beispiel für individuelles, verdichtetes Wohnen in der Stadt ist dem Projekt die erhoffte Signalwirkung für ähnliche Vorhaben im Quartier nur zu wünschen.

❙ Die drei Stadthäuser sind zu einem skulpturalen Monolith zusammengefasst. Seine Klinkerfassade sowie die zweigeschossigen Glasfronten erinnern an die Industriearchitektur früherer Zeiten. Das auskragende Obergeschoss lässt in der Eingangsebene einen überdachten Stellplatz entstehen.

❙ Geschosshohe Lamellenläden aus Lärchenholz dienen als Sonnenschutz und geben der Gartenseite ein völlig anderes Gesicht. Je nach Bedarf lassen sich die Hauseinheiten hinter der Blendfassade auf drei oder vier Etagen ausbauen.

I Das kleine, intime Atrium im Dachgeschoss belichtet die angrenzenden Räume und wird zu einem zusätzlichen Zimmer unter freiem Himmel.

I Die Innenräume sind mit weißen Putzoberflächen und durchgängig verlegtem Parkettboden bewusst neutral gehalten. Ein Kaminofen dient als stimmungsvoller Wärmespender.

I Frei tragende, seitlich in die Wand eingespannte Stufen verleihen dem Treppenlauf Transparenz. Die offene Wohnebene reicht über die gesamte Gebäudetiefe und wird von beiden Seiten belichtet.

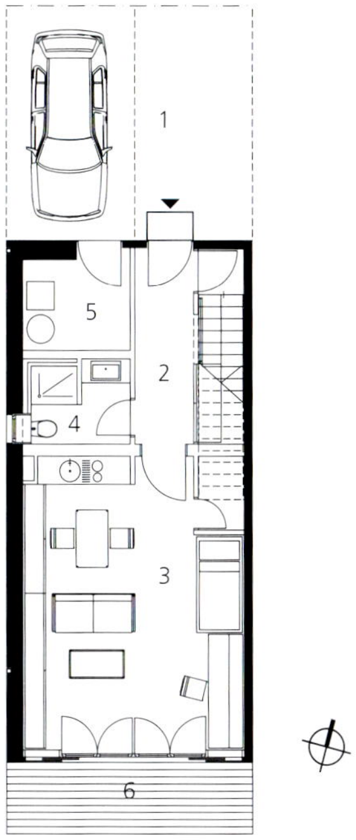

Erdgeschoss
M 1:200

1 Überdachter Zugang/Pkw-Stellplatz
2 Eingangsflur
3 Gäste-Apartment
4 Dusche/WC
5 Technik/Hausanschluss
6 Terrasse

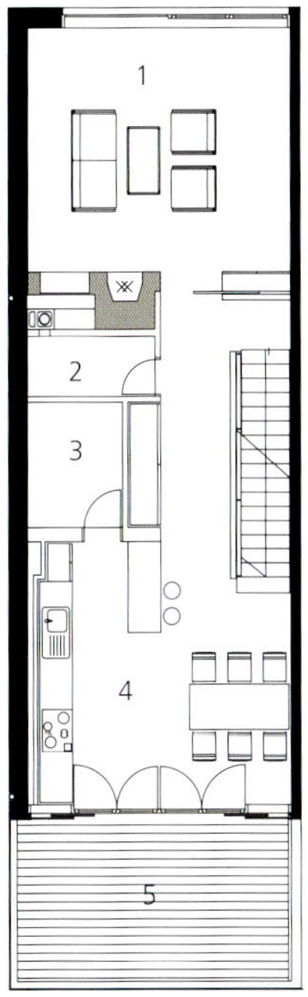

1. Obergeschoss
M 1:200

1 Wohnen
2 Abstellraum
3 Hauswirtschaft
4 Kochen/Essen
5 Balkon

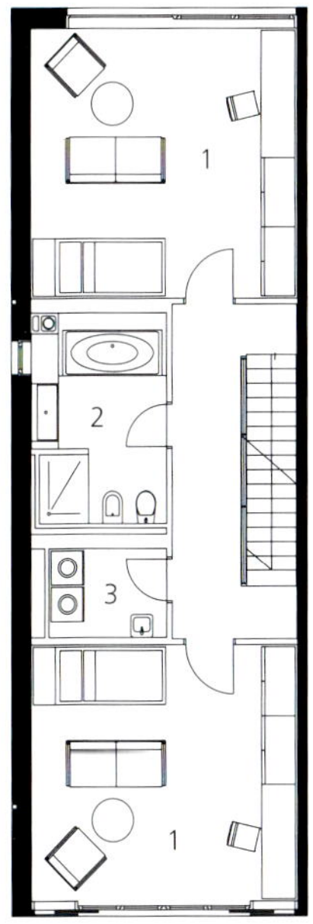

2. Obergeschoss
M 1:200

1 Kind
2 Bad
3 Wäsche/Hauswirtschaft

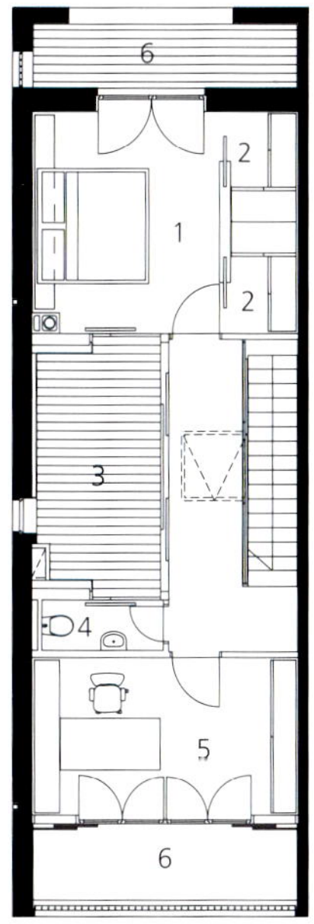

3. Obergeschoss
M 1:200

1 Schlafen
2 Ankleide
3 Patio
4 WC
5 Studio/Arbeiten
6 Balkon

Gebäudedaten

Grundstücksgröße: 484 m²
Wohnfläche: 566 m²
Zusätzliche Nutzfläche: 16 m²
Anzahl der Bewohner: 4 (je Wohnung)
Bauweise: Massivbau (Stahlbeton/Kalksandstein), Verblendung aus Klinkerriemchen, Lärchenholz
Baukosten je m² Wohn- und Nutzfläche: 1342 Euro
Baukosten gesamt: 780 850 Euro
Energiekonzept: Erdwärmepumpe
Heizwärmebedarf: 71 kWh/m²a
Primärenergiebedarf: 83 kWh/m²a
Fertigstellung: 2006

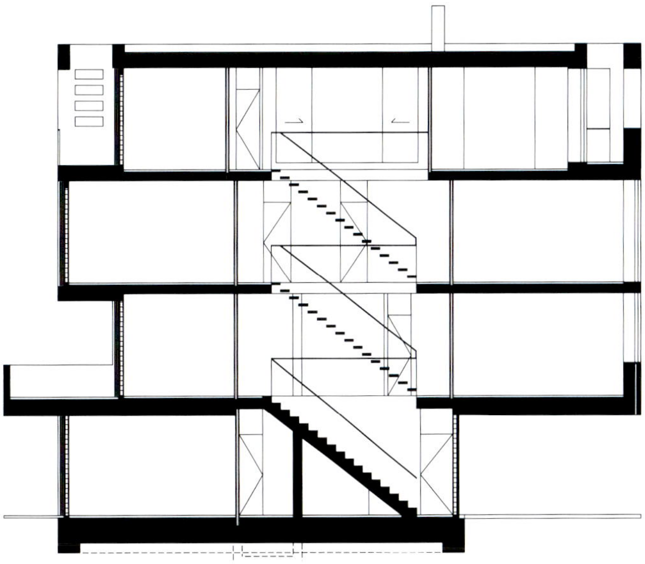

Schnitt
M 1:200

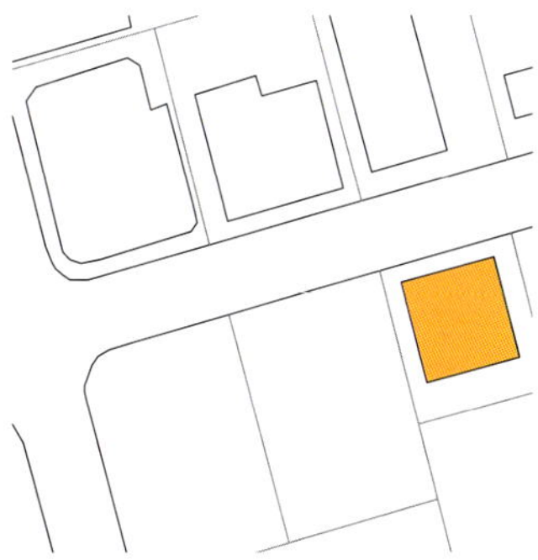

Lageplan

gutem Beispiel voran

Neue Einfamilienhausgebiete, die meist im Umfeld großer Ballungszentren entstehen, können nur selten mit anspruchsvoller Architektur aufwarten. Dass hier, am östlichen Stadtrand von Berlin, nicht eine weitere gesichtslose Vorortsiedlung aus dem Boden schoss, ist einer Initiative der Gemeinde Neuenhagen zu verdanken. Sie suchte sich für ihr städtebauliches Entwicklungsprojekt „Park Spreti" einen privaten Investor: In Kooperation mit der Münchner Wohnungsbaugesellschaft Südhausbau entstand ein attraktives Viertel in naturnaher Umgebung.

Das gesamte Areal umfasst mehr als zehn Hektar. Ursprünglich befand sich hier ein alter Park, von dessen historischer Anlage jedoch nicht mehr viel übrig war: Ende der 1980er-Jahre hatten noch umfangreiche Rodungen für geplante Plattenbauten stattgefunden, nach der Wende verkam das Gelände teilweise zur illegalen Mülldeponie. Um den restlichen, wertvollen Baumbestand zu erhalten, wurde nur etwa die Hälfte der Fläche als Bauland ausgewiesen: Die Bauflächen sind nun als überschaubare Quartiere in ein System vernetzter Grünflächen eingebettet und machen das Gelände in weiten Teilen öffentlich zugänglich.

Für die Bebauung wurden mehrere Architekturbüros mit dem Entwurf unterschiedlicher Haustypen beauftragt. Als eine dieser Varianten entstand das „Naturhaus" von Anne Lampen: Es verbindet hochwertige, moderne Architektur in ökologischer Bauweise mit serieller Fertigung. Das Innere des kompakten, klar konturierten Baukörpers wirkt erstaunlich großzügig: Das liegt zum einen am offenen Grundriss, der im Erdgeschoss völlig auf Flure verzichtet, zum anderen am zweigeschossigen Luftraum im Zentrum des Hauses, der den Sichtkontakt zur Galerie in der oberen Etage herstellt. Für Blickbeziehungen nach draußen sorgen deckenhohe Verglasungen, die das Sonnenlicht einfangen und sich mit Schiebetüren auf die vorgelagerten Terrassen und Balkone öffnen.

Der Grundtyp ist modular aufgebaut und kann je nach Bedarf vergrößert, verkleinert oder individuell angepasst werden – und funktioniert als Bungalow ebenso wie als Doppel- oder Kettenhaus. Durch den Einsatz schnell nachwachsender Rohstoffe macht das Naturhaus seinem Namen alle Ehre: Die Wände der Holzrahmenkonstruktion sind mit Zellulose gedämmt, die Fassade ist mit Lärchenholz verkleidet. Dass ausschließlich lösungsmittelfreie Materialien zum Einsatz kamen, erweist sich auch für Allergiker als Vorteil. Zudem wurden, um Elektrosmog vorzubeugen, abgeschirmte Kabel verlegt. Je nach Wunsch lässt sich das Niedrigenergiehaus mit weiteren Komponenten ausstatten – beispielsweise mit Erdwärmepumpe, Solaranlage, Lehmputz oder Gründach.

I Schlicht und einfach, mit klaren Konturen und kubischen Formen präsentiert sich dieses Holzhaus: Es basiert auf einem Modulsystem und verbindet ökologische Bauweise mit serieller Fertigung.

Das Erdgeschoss ist als offenes, lichtdurchflutetes Raumkontinuum gestaltet, das vielfältige Blickbeziehungen ermöglicht. Als Bodenbelag wurde durchgängig Eiche-Industrieparkett verlegt.

Allen Räumen sind Terrassen oder Balkone vorgelagert. Großzügige Verglasungen und Schiebetüren sorgen für fließende Übergänge zwischen innen und außen.

Die waagrechte Lärchenholzschalung wird auch als Balkonbrüstung weitergeführt und verleiht dem Haus sein homogenes Erscheinungsbild.

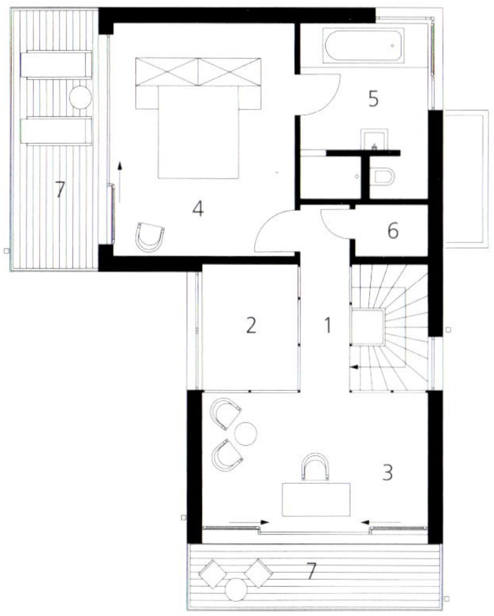

Obergeschoss
M 1:200

1 Galerie
2 Luftraum
3 Arbeiten
4 Schlafen
5 Bad/Dusche/WC
6 Abstellraum
7 Balkon

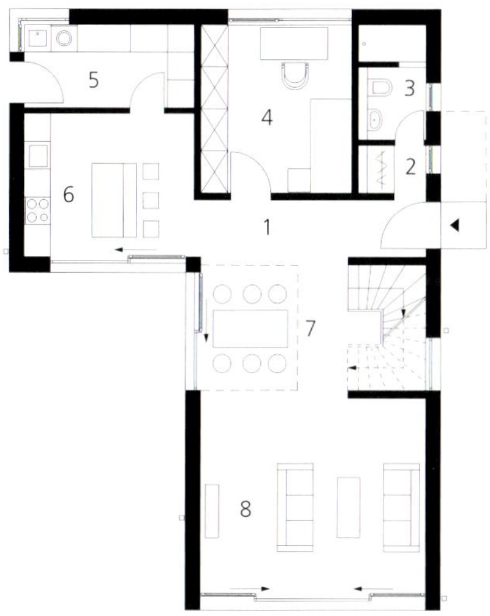

Erdgeschoss
M 1:200

1 Diele
2 Garderobe
3 Dusche/WC
4 Zimmer
5 Hauswirtschaft
6 Kochen
7 Essen
8 Wohnen

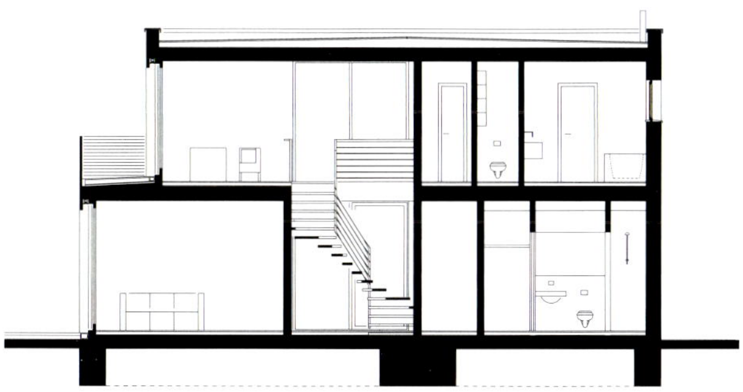

Schnitt
M 1:200

Gebäudedaten

Grundstücksgröße: 604 m^2
Wohn- und Nutzfläche: 146 m^2
Anzahl der Bewohner: 3–4
Bauweise: Holzrahmenbau
Kaufpreis (brutto): ab 300 000 Euro
Energiekonzept: Niedrigenergiehaus mit erhöhter Wärmedämmung, passive solare Wärmegewinne; Ausstattung mit Solaranlage, Erdwärmepumpe auf Wunsch
Heizwärmebedarf: 73 kWh/m^2a
Primärenergiebedarf: 83 kWh/m^2a
Fertigstellung: 2006

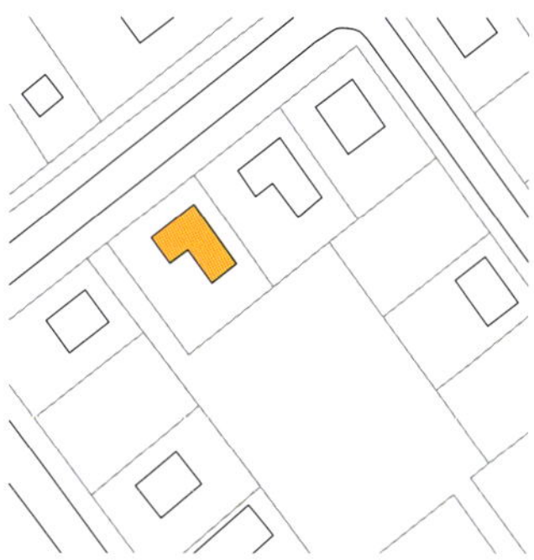

Lageplan

Auszeichnung: iapisinarchitekten, Aalen

Flexibilität groß geschrieben

Wohnhaus mit Büro in Aalen

Wohnen und Arbeiten unter einem Dach miteinander zu verbinden, war hier der Wunsch der Bauherren. Ihr neues Domizil sollte jedoch nicht nur die verschiedenen Nutzungsbereiche zu einer baulichen Einheit zusammenfassen, sondern zudem sicherstellen, dass beide ebenso gut nebeneinander als auch miteinander funktionieren: Das Haus sollte somit auf lange Sicht ein Höchstmaß an Flexibilität bieten. Eine weitere Herausforderung für die Planer war die schwierige Grundstückssituation: Der nach Südwest geneigte Hang liegt zwar in landschaftlich schöner Umgebung am Ortsrand, umrahmt von den bewaldeten Hügeln der Ostalb – im Nordosten grenzt er jedoch unmittelbar an eine stark befahrene Landstraße.

Die Architekten konzipierten zwei massive, kubische Baukörper, die sie parallel zum Hang stellten und durch einen gläsernen Erschließungstrakt miteinander verbanden. Auf diese Weise entstand eine dreiseitige Anlage, die sich zur Straße hin abschottet und in ihrer Mitte einen sicht- und lärmgeschützten Patio umfasst. An der Zufahrtsseite im Norden befinden sich die Carports und der zentrale Eingangsbereich, an den sich ein kleines Apartment für den Sohn anschließt. Im gleichen Geschoss gelangt man über einen Steg, am Luftraum des Treppenhauses vorbei, zum Planungsbüro des Bauherrn. Eine Etage tiefer liegen die Privaträume: der Schlaftrakt ist im Norden untergebracht, der Wohntrakt im Süden.

Das Konzept des kleinen Hausensembles basiert auf dem Loft-Prinzip: Die Grundrisse in beiden Geschossen sind variabel, Position und Anzahl der Zwischenwände lassen sich – mit Ausnahme der Nasszellen – beliebig verändern. Darüber hinaus funktioniert jedes Bauteil autark: Da die Erschließung über das mittig liegende Treppenhaus erfolgt, könnten einzelne Bereiche problemlos voneinander abgekoppelt werden – das Haus ist sowohl als Ganzes bewohnbar als auch in getrennten Einheiten geschossweise zu nutzen. Mit geringem Aufwand kann es den jeweiligen Bedürfnissen entsprechend umgestaltet werden: Beispielsweise ließe sich eines Tages in der Eingangsebene auch eine barrierefreie Wohnung einrichten.

Das Material der Außenhaut – Schichtholz-Fassadenplatten und Sichtbeton – orientiert sich an der ländlichen Umgebung: Der warme Farbton des Holzes stellt den Bezug zur Natur und den Wäldern ringsum her, die kühle, nüchterne Betonoberfläche korrespondiert mit den landwirtschaftlichen Zweckbauten. Weitblick bewiesen die Planer auch mit einem intelligenten Energiekonzept: Das Haus ist mit einer kontrollierten Wohnraumlüftung ausgestattet und wird über eine Erdwärmepumpe beheizt. Der notwendige Strombedarf für die Pumpe wird über eine Fotovoltaikanlage auf dem Dach erzeugt.

I Getrennt und doch vereint: Wohn- und Bürogebäude bilden ein kleines Hausensemble, das über einen gläsernen Erschließungstrakt verbunden ist. Mit Oberflächen aus Sichtbeton oder Schichtholz werden die beiden Baukörper auch in der Materialwahl differenziert.

I Die Hausgruppe umschließt im Westen einen intimen, sichtgeschützten Innenhof, der die Störgeräusche von der stark befahrenen Landstraße ausblendet.

Blick in den Eingangsbereich in der oberen Etage: Eine Brücke führt zum separaten Bürotrakt im Hintergrund. Über die Treppe gelangt man zum Wohn- und Schlafbereich im Hanggeschoss.

Auf der Zufahrtsseite im Norden tritt das Gebäude eingeschossig aus dem Gelände hervor. Das lang gestreckte Vordach fasst Eingangszone und Carports zu einer baulichen Einheit zusammen.

Die Räume sind in ihrer Ausstattung schlicht und neutral gehalten und lassen auch auf lange Sicht variable Nutzungen zu – wie hier der offene Wohnbereich in der Gartenebene.

Das transparente Treppenhaus wird von beiden Seiten mit Licht geflutet, gläserne Schiebetüren trennen den Flur von den privaten Trakten ab.

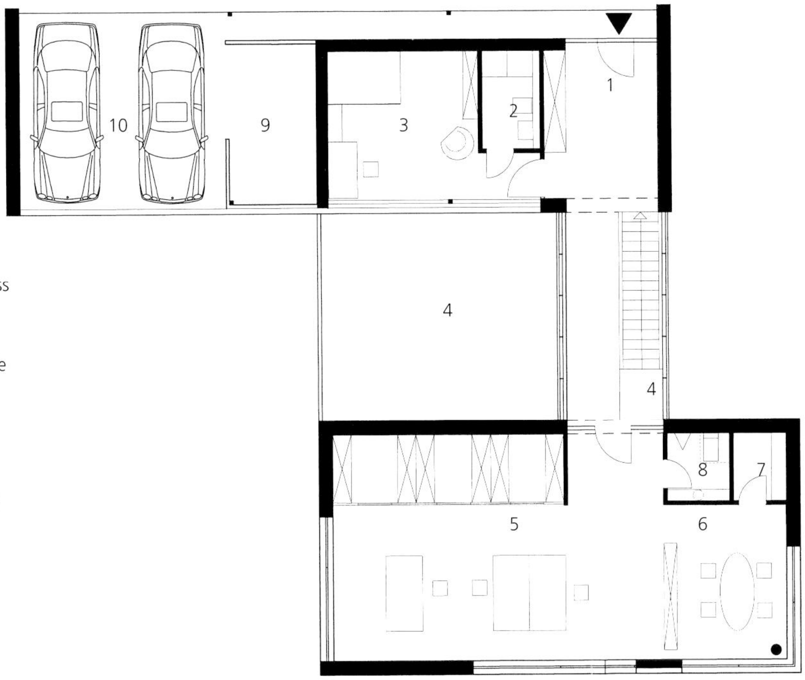

Eingangsgeschoss
M 1:200

1 Eingang/Diele
2 Bad
3 Apartment
4 Luftraum
5 Büro
6 Besprechung
7 Ablage
8 WC
9 Abstellraum
10 Carport

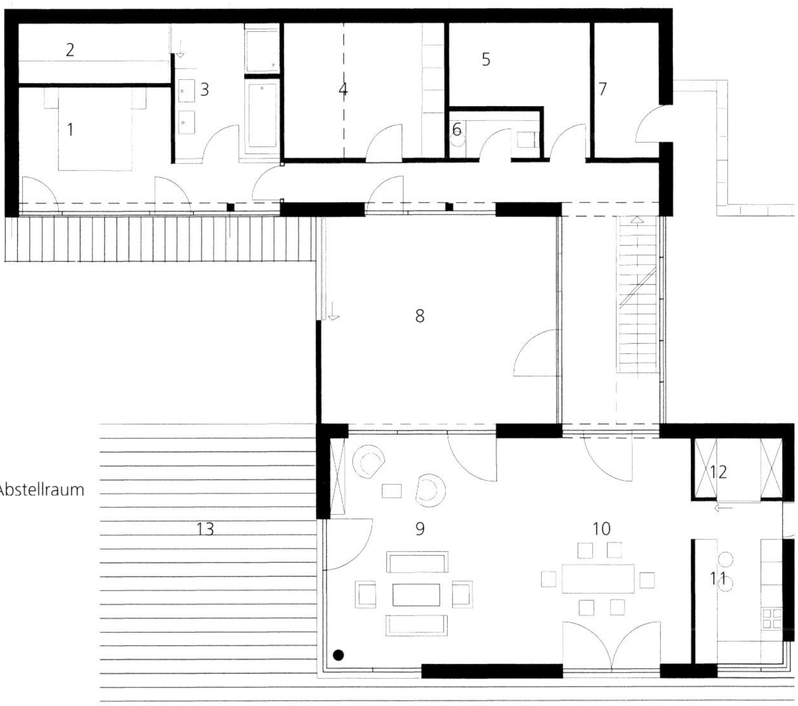

Hanggeschoss
M 1:200

1 Schlafen
2 Ankleide
3 Bad
4 Hauswirtschaft/Abstellraum
5 Technik
6 WC
7 Gartengeräte
8 Innenhof
9 Wohnen
10 Essen
11 Kochen
12 Speisekammer
13 Terrasse

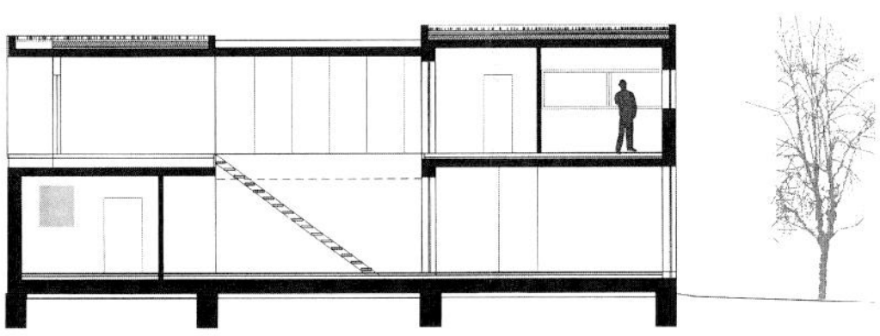

Schnitt ohne Maßstab

Gebäudedaten

Grundstücksgröße: 791 m²
Wohnfläche: 279 m²
(mit Büro)
Zusätzliche Nutzfläche:
45 m²
Anzahl der Bewohner: 3
Bauweise: Massivbau
(Stahlbetonfertigteile/Ortbeton mit Kerndämmung),
Fassadenplatten aus
Schichtholz
Baukosten je m² Wohn- und Nutzfläche: 1 296 Euro
Baukosten gesamt:
ca. 420 000 Euro
Energiekonzept: Erdwärmepumpe, kontrollierte
Wohnraumlüftung,
Fotovoltaikanlage
Heizwärmebedarf:
48 kWh/m²a
Primärenergiebedarf:
80 kWh/m²a
Fertigstellung: 2006

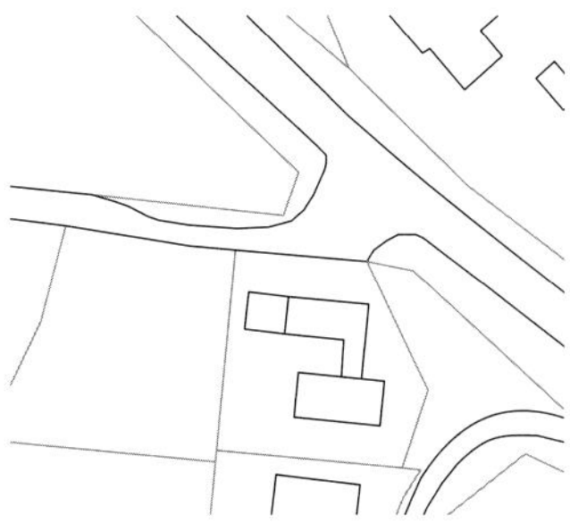

Lageplan

Good Vibrations

Umbau eines Einfamilienhauses in Heilbronn

Der Altbau aus den 1920er-Jahren schien seine beste Zeit längst hinter sich zu haben: Als die Bauherren das Mehrfamilienhaus auf einer Anhöhe bei Heilbronn – mit schönem Blick auf Stadt und angrenzende Weinberge – erwarben, war es stark renovierungsbedürftig und zudem bautechnisch völlig überholt. Auch der Grundriss mit seinen dunklen, verschachtelten Räumen entsprach nicht ihren Vorstellungen von zeitgemäßem Wohnen. Im Lauf des Entwurfsprozesses ging es zunächst darum, mehr Licht und Luft ins Innere zu bringen. Rasch stand jedoch fest, dass man dem Gebäude auch nach außen hin ein moderneres Erscheinungsbild geben und ihm bewusst etwas Neues hinzufügen wollte.

Die Architekten Biehler Weith, die mit dem Umbau des Hauses beauftragt wurden, entschlossen sich, die strenge Form des flach gedeckten Kubus konsequent aufzubrechen: Lediglich an der Südseite blieben die für die Erbauungszeit typischen, querformatigen Fenster erhalten. Alle anderen Fassaden wurden, abgestimmt auf das neue Grundrisskonzept, mit großzügigeren Öffnungen versehen. Das Haus wurde komplett entkernt – lediglich Hülle und Holzbalkendecken blieben erhalten – und durch die neu hinzugekommenen Erweiterungsbauten in ein fließendes Raumkontinuum verwandelt: Dieses erstreckt sich nun vom offenen Wohnbereich im Erdgeschoss über verschiedene Lufträume, Galerien und vorgelagerte Terrassen in den Schlafebenen bis hinauf ins Dachgeschoss.

Dieser neuen Dynamik des Raums entspricht auch das äußere Erscheinungsbild des Hauses: Die zusätzlich hinzugekommenen, auskragenden Bauteile überformen den monolithischen Altbau und legen sich wie ein breites Band um den Bestand herum. Sie kippen immer wieder leicht aus der Horizontalen und Vertikalen heraus, stellen Blickbezüge zur umgebenden Landschaft her und verleihen der einst strengen Form nun etwas Heiter-Beschwingtes.

Alt und Neu werden jedoch nicht nur in Form, sondern auch in Materialwahl deutlich voneinander unterschieden: Das Ziegelmauerwerk des Bestands erhielt ein Wärmedämmverbundsystem und eine strahlend weiße Putzfassade. Der Erweiterungsbau hingegen ist als Betonkonstruktion ausgeführt und mit silbrig schimmernden Aluminium-Verbundplatten verkleidet. Das asymmetrische Fugenbild betont die dynamischen Raumkanten und trägt zum futuristischen Aussehen des transformierten Gebäudes bei. Trotz ihres eigenständigen Formenvokabulars vereinen sich die beiden so unterschiedlichen Baukörper zu einem harmonischen Ganzen. Auch technisch und energetisch ist das Haus nach dem Umbau nun für die Zukunft gut gerüstet – und damit in jeder Hinsicht im 21. Jahrhundert angekommen.

Atmosphärische Metamorphose: Das alte Haus aus dem Jahr 1929 wurde mit Erweiterungsbauten überformt. Die Aluminiumfassade, die sich als breites Band um den strengen Kubus legt, verleiht ihm ein völlig neues, futuristisches Aussehen.

Als schlichter, flach gedeckter Kubus präsentierte sich der Altbau vor seiner ungewöhnlichen Transformation.

Die großen Glasfronten kippen immer wieder leicht aus der Vertikalen und Horizontalen heraus und sorgen für ein ungewohnt dynamisches Fassadenbild.

Der offene Wohnbereich wird über eine zweigeschossige Festverglasung üppig mit Licht versorgt. Das Bücherregal nutzt den Luftraum optimal aus.

Nicht nur im eigenständigen Formenvokabular, auch in der Materialwahl werden Alt- und Neubau differenziert. Der Bestand erhielt eine Putzfassade, die Erweiterung wurde mit Aluminium-Verbundplatten verkleidet.

Blick in den Flur im Obergeschoss. Das dunkle Räuchereiche-Parkett kontrastiert mit den weißen Wänden, eine Glasbrüstung sorgt für Blicktransparenz.

Interessante Perspektiven bietet der Arbeitsplatz auf der Galerie im Dachgeschoss. Als Absturzsicherung dient eine gläserne Wand, die zwischen Boden und Decke eingespannt ist.

Gebäudedaten

Grundstücksgröße: 885 m²
Wohnfläche: 259 m²
Zusätzliche Nutzfläche: 163 m²
Anzahl der Bewohner: 4
Bauweise: Massivbau (Bestand: Mauerwerk mit Holzbalkendecken, Erweiterung: Stahlbeton)
Baukosten: keine Angaben
Energiekonzept: Sanierung/Dämmung nach Neubaustandard, Gasbrennwerttherme, Kaminofen als Zusatzheizung
Heizwärmebedarf: 36 kWh/m²a
Primärenergiebedarf: 56 kWh/m²a
Baujahr Bestand: 1929
Fertigstellung Umbau: 2007

I Der Essplatz schließt sich unmittelbar an den Eingangsbereich an. Mattgraue Steinzeugfliesen, weiß getünchte Decken und Wände sowie Sichtbetonoberflächen bestimmen das puristische Interieur.

I Hell und luftig ist das Treppenhaus im Neubau gestaltet. Deckenhohe Glasfronten erweitern es optisch ins Freie.

Schnitt ohne Maßstab

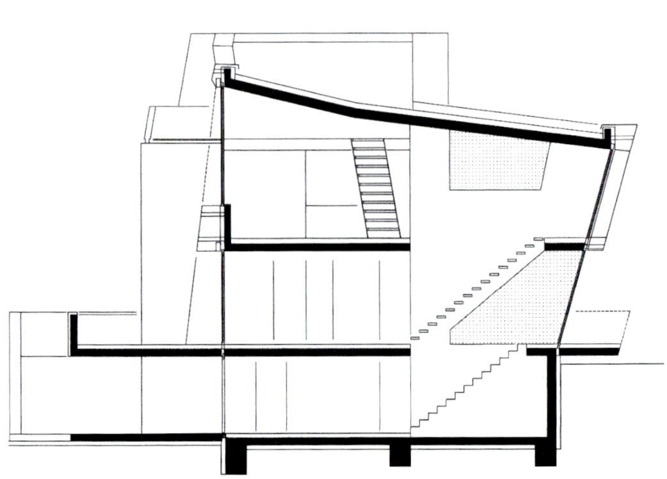

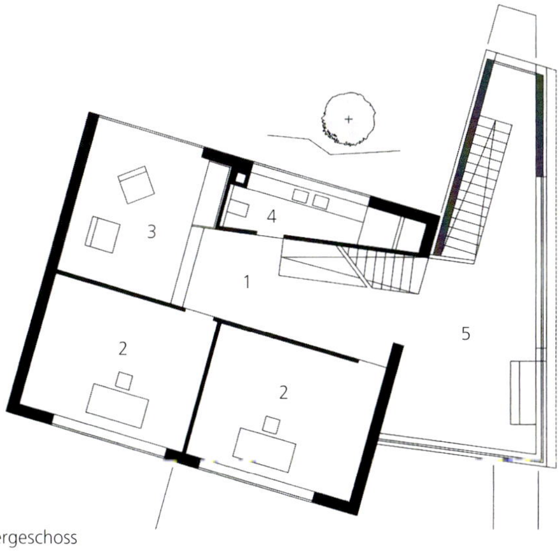

Obergeschoss
M 1:200

1 Flur
2 Kind
3 Luftraum
4 Kinderbad
5 Lounge

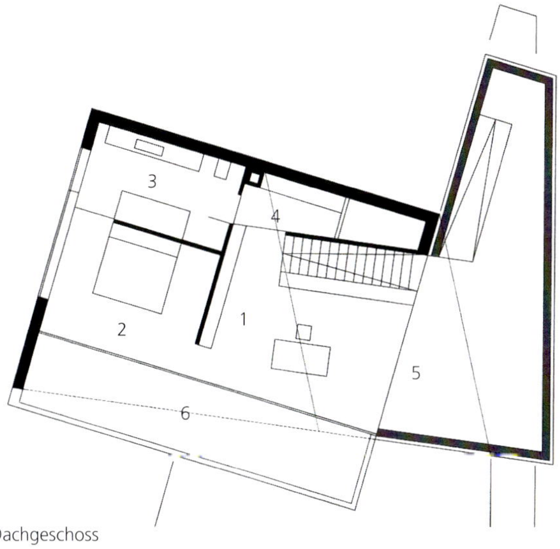

Dachgeschoss
M 1:200

1 Arbeiten
2 Schlafen
3 Elternbad
4 Ankleide
5 Luftraum
6 Dachterrasse

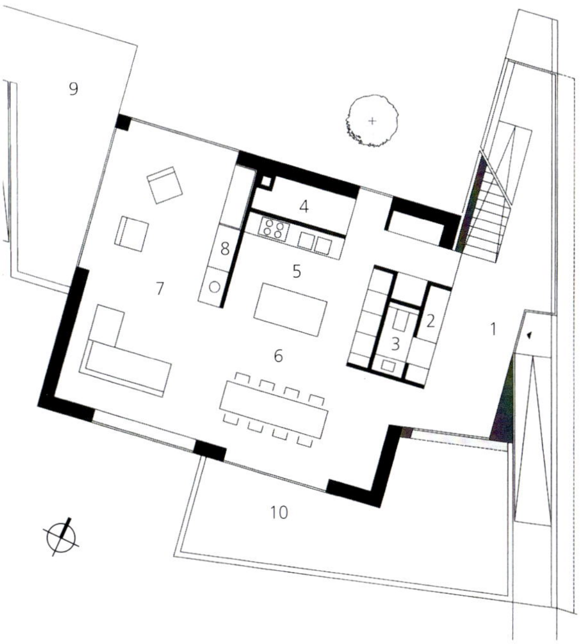

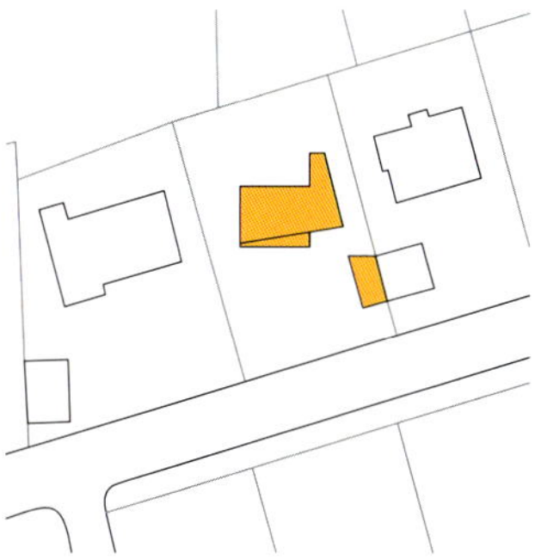

Lageplan

Erdgeschoss
M 1:200

1 Eingangsbereich
2 Garderobe
3 Gäste-WC
4 Abstellraum
5 Kochen
6 Essen
7 Wohnen
8 Kamin/Bibliothek
9 Terrasse
10 Balkon

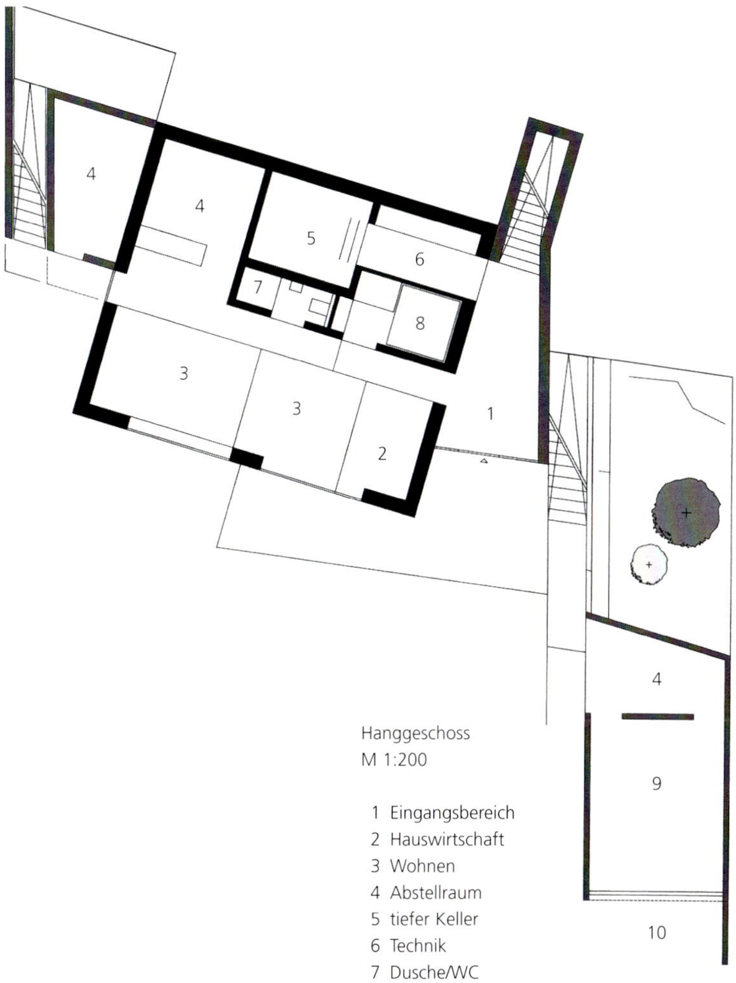

Hanggeschoss
M 1:200

1 Eingangsbereich
2 Hauswirtschaft
3 Wohnen
4 Abstellraum
5 tiefer Keller
6 Technik
7 Dusche/WC
8 Sauna
9 Garage
10 Parken

Reiches Innen-leben

Einfamilienhaus in Kleinreuth bei Nürnberg

Ein Großteil aller Einfamilienhäuser, die hierzulande entstehen, wird ohne Architekten gebaut. Angesichts dieser Tatsache ist das Vorgehen einer jungen Familie aus Nürnberg für Privatbauherren umso ungewöhnlicher: Nachdem das Paar beschlossen hatte, seine Altbauwohnung im Stadtzentrum aufzugeben und in einem Vorort ein eigenes Domizil zu bauen, lobte es einen kleinen Architektenwettbewerb aus: Fünf Büros wurden im Rahmen einer Mehrfachbeauftragung um Vorentwürfe gebeten. Das Konzept der Netzwerkarchitekten gefiel den Bauherren am besten – zumal es optimal auf die schwierige Grundstückssituation Bezug nimmt.

Das Grundstück am Ortsrand von Kleinreuth liegt, umgeben von Feldern und Wiesen, an der Grenze zwischen einer dörflichen, von Einfamilienhäusern geprägten Struktur und einem Park. An drei Seiten ist es von öffentlichen Spazier- und Radwegen umgeben. Um auf diesem exponierten Areal für ein Mindestmaß an Privatheit zu sorgen, konzipierten die Architekten ein Atriumhaus mit drei eingeschnittenen Höfen: einem gepflasterten Eingangshof, einem Hof mit Wasserbecken sowie einem großzügigen Wohnhof im Zentrum der Anlage.

Das zweigeschossige Gebäude nutzt die maximal bebaubare Fläche und folgt mit seinen Außenkanten dem asymmetrischen Grundstücksverlauf. Aus der Situierung der drei Höfe ergeben sich einzelne Gebäudeflügel, denen unterschiedliche Wohnfunktionen zugeordnet sind: Im Erdgeschoss orientieren sich der zentrale Koch- und Essbereich sowie das Arbeitszimmer auf der linken und der Wohnraum auf der rechten Seite um den introvertierten Innenhof, der nach Süden, zur Landschaft hin ausgerichtet ist. Nebenräume des nicht unterkellerten Hauses werden als Puffer an die Außenseiten des Gebäudes gerückt. Die privaten Rückzugsbereiche der Eltern und Kinder liegen in der oberen Etage.

Aus der Vorgabe, die Einsehbarkeit des Hof-Hauses weitgehend einzuschränken, ohne es nach außen hin völlig abzuschotten, entstand die Idee, das Gebäude mit einer feinen Struktur aus vertikalen Lärchenholzstäben zu umhüllen: Das Rankgerüst dient als halb transparenter Sichtschutz und bildet eine begrünte „Filterschicht", die jedoch ausreichend Licht in die Fenster der angrenzenden Räume fallen lässt. So gesehen war es nur konsequent, das Flachdach ebenfalls extensiv zu bepflanzen. Aber auch in anderer Hinsicht liegt das Haus im grünen Bereich: Der 30 Zentimeter starke Außenwandaufbau mit Porenbetonsteinen, die Isolierverglasung sowie die passiven solaren Wärmegewinne im Süden tragen in Kombination mit einer Holzpelletheizung dazu bei, den maximal zulässigen Primärenergiebedarf um 70 Prozent zu unterschreiten.

I Das Gebäude liegt exponiert auf einem Eckgrundstück und schottet sich gegen Einblicke von außen geschickt ab: Ein haushohes Rankgerüst aus vertikalen Lärchenholzstäben sorgt für einen halb transparenten Sichtschutz.

I Das Lattengerüst lässt sich bei Bedarf durch Falttüren zum Garten hin öffnen. Das hölzerne Terrassendeck erweitert den Wohnraum nach draußen und macht den Innenhof zu einem zusätzlichen Zimmer im Freien.

I Links: Mit einer introvertierten Lösung gelang es den Architekten, die ungünstige Grundstücksituation zu kompensieren: Die Wohnräume gruppieren sich um ein zentrales Atrium, das uneinsehbare Rückzugsmöglichkeiten auch im Außenbereich bietet.

I Rechts: Vom Wohnbereich blickt man auf den kleinen Innenhof mit Wasserbassin an der nordöstlichen Gebäudeecke. Der dunkel pigmentierte, geschliffene Estrich kontrastiert mit den farbigen Wandoberflächen.

I Links: Den einzelnen Gebäudeflügeln sind im Erdgeschoss unterschiedliche Farben zugeordnet: helles Orange für Küche und Küchenrückwand, Gelbgrün für den Wohnbereich.

I Rechts: Die Kinderzimmer sind zum Gang hin deckenhoch verglast. Auf diese Weise können die Räume über das breite Fensterband entlang des Flurs zusätzlich auch von Süden belichtet werden.

I Blick auf den Eingangshof: An der Nordseite wurden Pflanzen wie Immergrünes Geißblatt und Efeu für die Berankung ausgewählt. Hinter dem Lattengerüst ist die Fassade schwarz gestrichen, sodass sich die hellen Lärchenholzleisten deutlich abheben.

I Raumhohe Schiebeelemente sorgen für fließende Übergänge zwischen innen und außen: Auch das Arbeitszimmer im Erdgeschoss hat einen direkten Ausgang auf die Terrasse.

Gebäudedaten

Grundstücksgröße: 580 m^2
Wohnfläche: 248 m^2
Anzahl der Bewohner: 5
Bauweise: Massivbau (Porenbetonsteine, 30 cm)
Baukosten (netto) je m^2 Wohnfläche: 1450 Euro
Baukosten (netto) gesamt: 360 000 Euro
Energiekonzept: Holzpelletheizung, passive solare Wärmegewinne
Heizwärmebedarf: 65 kWh/m^2a
Primärenergiebedarf: 32 kWh/m^2a
Fertigstellung: 2005

Obergeschoss
M 1:200

1 Schlafen Eltern
2 Schrankraum
3 Elternbad
4 Dusche
5 Kind
6 Gast/Spielen
7 Kinder-/Gästebad

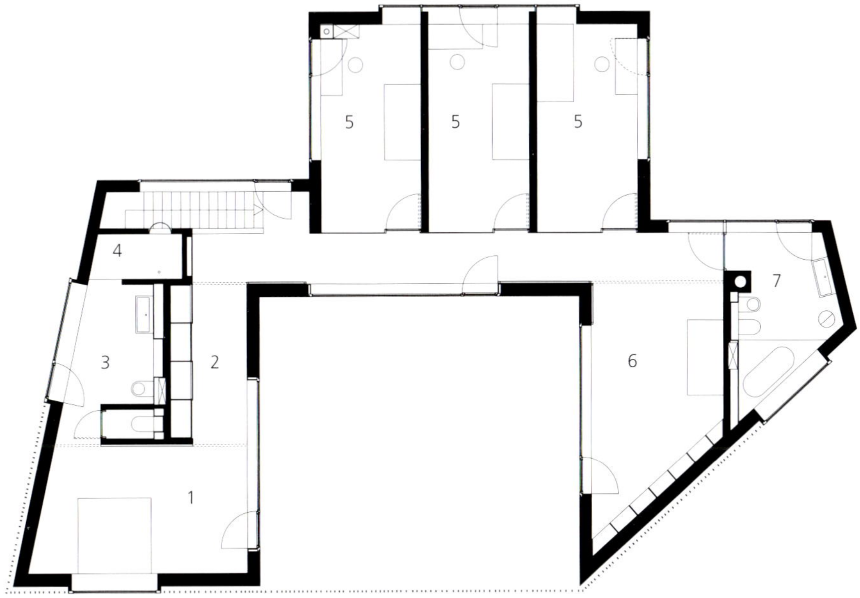

Erdgeschoss
M 1:200

1 Eingangshof
2 Eingangsbereich
3 Schuhlager
4 Garderobe
5 Gäste-WC
6 Arbeiten
7 Werken
8 Kochen/Essen
9 Haustechnik
10 Pelletlager
11 Vorratsraum
12 Wohnen
13 Hauswirtschaft
14 Wohnhof
15 Wasserbecken

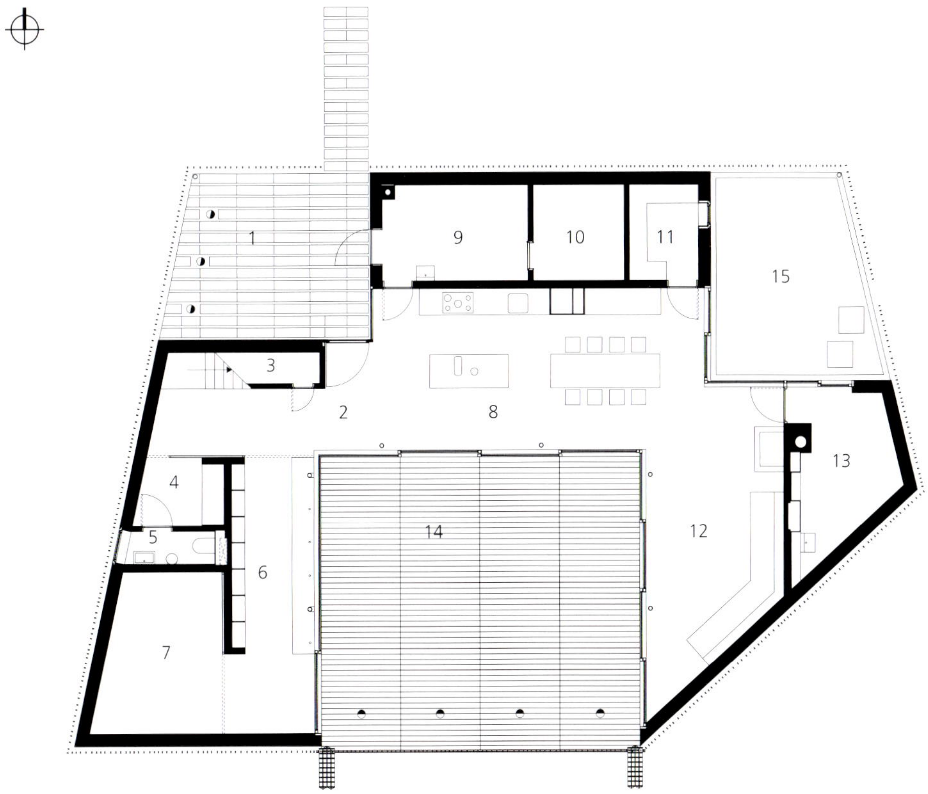

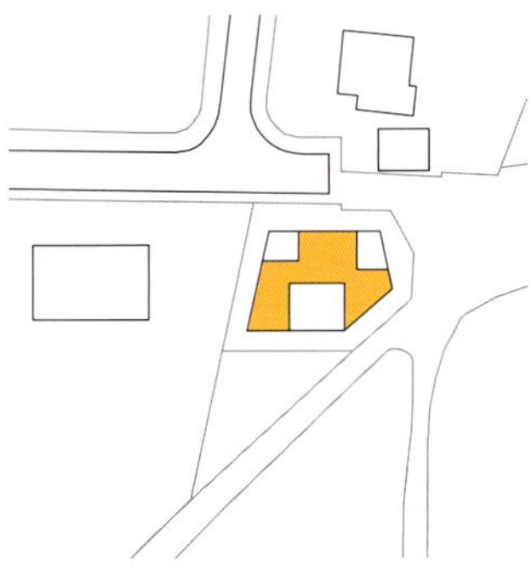

Lageplan

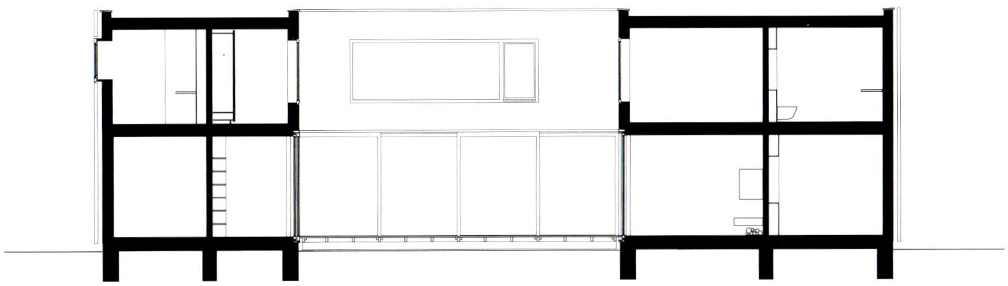

Schnitt M 1:200

Ein Loft auf dem Land

Das kleine Dorf Malkes in Hessen, mittlerweile ein Stadtteil von Fulda, hat sich bis heute seinen ländlichen Charme und Charakter bewahrt: Nach wie vor wird das gewachsene und intakte Ortsbild von landwirtschaftlicher Bausubstanz geprägt, die liebevoll saniert und gepflegt wird. Auch wenn einige Gebäude mittlerweile teilweise zu Wohn- oder Gewerbezwecken umgenutzt werden: An der ursprünglichen Struktur – mit Hofanlagen, Wohn- und Wirtschaftsgebäuden, Obstbaum- und Nutzgärten – hat sich bislang kaum etwas geändert.

Der Neubau greift die Typologie der landwirtschaftlichen Gehöfte auf und fügt sich mit seiner schlichten Architektur- und Formensprache zurückhaltend in das Ortsbild ein: Er setzt sich aus zwei rechtwinklig zueinander stehenden Baukörpern zusammen, die in ihrer Mitte einen sichtgeschützten Hof umschließen. Das Hauptgebäude dient als Wohntrakt, im Nebengebäude sind Garage und Gästeapartment untergebracht. Die großformatigen Öffnungen in der Fassade können – ähnlich wie bei den Scheunen in der Umgebung – mit Schiebetoren aus Holz geschlossen werden. Auch in der Materialisierung werden die beiden Häuser differenziert: Während das Haupthaus verklinkert ist, wurde der Nebentrakt mit sägerauen Lärchenholzbrettern verkleidet. Der Bereich zwischen den beiden Baukörpern ist verglast und dient als Eingangs- und Durchgangshalle zum introvertierten Hof, der sich zur unverbaubaren Landschaft hin öffnet.

Auch im Innern des Haupthauses wiederholt sich das derbe, unverputzte Klinkermaterial an einzelnen Wänden, der Boden ist mit breiten Eichendielen belegt. Zusammen mit den offen liegenden Stahlträgern und -stützen entsteht eine loftartige Raumatmosphäre. Der Grundriss entspricht ganz den Vorstellungen der Bauherren von offenem, modernem Wohnen: Das Erdgeschoss ist als Einraum konzipiert, in dem gekocht, gegessen, gelesen und gewohnt wird. Die obere Etage beherbergt die Schlafräume und wirkt mit ihren niedrigen Außenwänden und den Dachschrägen wesentlich intimer.

Die Auswahl der Baustoffe erfolgte nach baubiologischen Kriterien. Auch die Werthaltigkeit der Materialien spielte eine wichtige Rolle: Klinker, Schalungsbretter, Eichendielen sowie der Natursteinboden aus Juramarmor können mit den Jahren altern und Patina ansetzen. Die Gebäudekubatur eröffnet zudem auch auf lange Sicht flexible Nutzungsmöglichkeiten. Dank seiner großzügigen Raumhöhen und des neutralen Grundrisses könnte das Hofensemble beispielsweise eines Tages gewerblich genutzt werden. Die separate Erschließung über die zentrale Eingangshalle ermöglicht darüber hinaus die Aufteilung in zwei unabhängige Wohneinheiten.

Das Wohnhaus orientiert sich an der Typologie der Hofanlagen in seiner Umgebung: Haupt- und Nebengebäude werden auch in der Materialwahl nach außen hin deutlich differenziert. Die großformatigen Öffnungen in der Fassade lassen sich durch hölzerne Rolltore schließen.

Im Winkel beider Haushälften entsteht ein sichtgeschützter Innenhof. Während der Wohntrakt verklinkert wurde, erhielt das Nebengebäude – ähnlich wie die Scheunen in der Umgebung – eine sägeraue Schalung aus Lärchenholz.

Das Erdgeschoss des Haupthauses ist als Einraum konzipiert, der nur durch Einbauten gegliedert wird: Bücherwand und Sideboard wurden gleich mitgeplant und machen zusätzliche Möbel fast überflüssig.

Offen liegende Stahlträger und -stützen, unverputzte Klinkerwände sowie helle Eichendielen sorgen im Innenraum für Loftatmosphäre. In Kombination mit der hochmodernen Küche im Hintergrund ergeben sich spannungsreiche Material-

Auch das Bad in der oberen Etage entspricht in seiner Großzügigkeit dem Charakter des Hauses. Bodenbelag und Wanneneinfassung sind durchgängig aus Juramarmor, die Klinkerwand setzt auch hier einen besonderen Akzent.

Obergeschoss
M 1:250

1 Luftraum mit Bibliothek
2 Kind
3 Schlafen
4 Ankleide
5 Bad
6 Gäste
7 Meditation
8 Gästebad

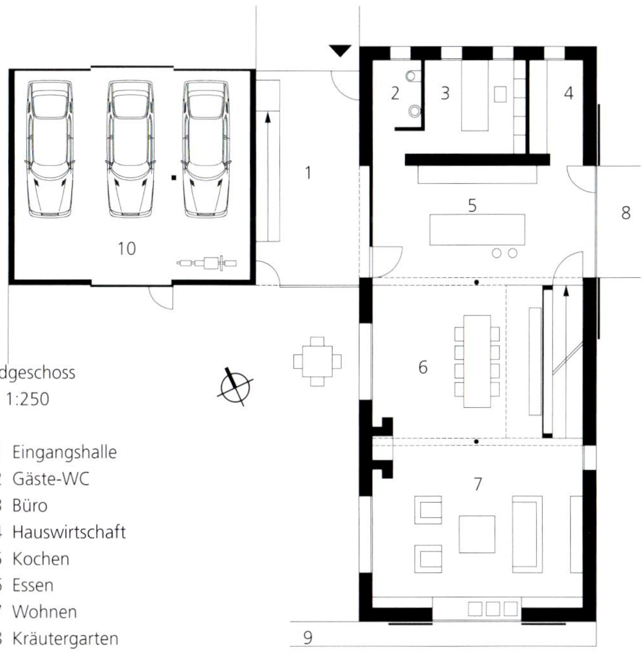

Erdgeschoss
M 1:250

1 Eingangshalle
2 Gäste-WC
3 Büro
4 Hauswirtschaft
5 Kochen
6 Essen
7 Wohnen
8 Kräutergarten
9 Bank
10 Garage

Schnitt M 1:250

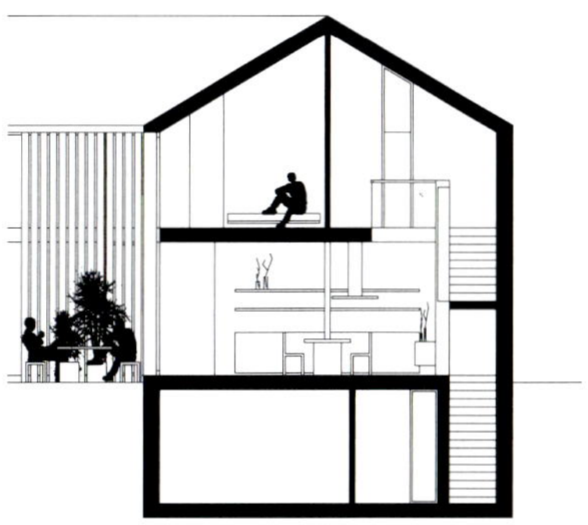

| Der Flur im Obergeschoss hält über einen Luftraum Sichtkontakt mit dem Wohnbereich. In die mit Nussbaumholz verkleidete Wand ist ein treppenbegleitendes Bücherregal integriert.

Gebäudedaten

Grundstücksgröße: 2 628 m²
Wohnfläche: 331 m²
Zusätzliche Nutzfläche: 137 m²
Anzahl der Bewohner: 2
Bauweise:
Massivbau (Mauerwerk), Fassade: Klinker, Schalung aus sägerauen Lärchenholzbrettern
Baukosten: keine Angaben
Energiekonzept: Erdwärmepumpe, Solarkollektoren, Kaminofen als Zusatzheizung
Heizwärmebedarf:
67 kWh/m²a
Primärenergiebedarf:
31 kWh/m²a
Fertigstellung: 2007

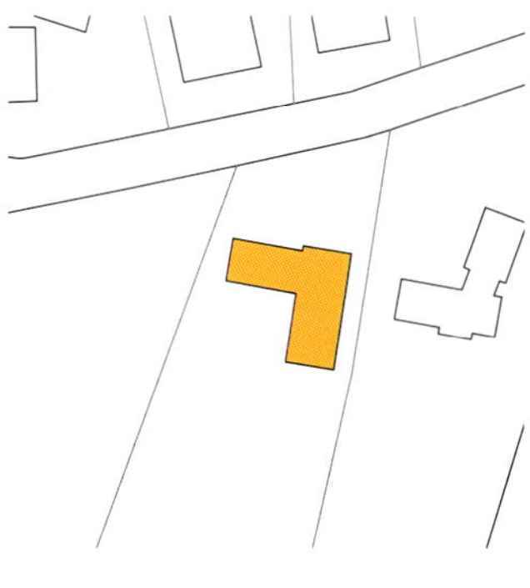

Lageplan

Öffnung zum Licht

Reihenhäuser in einem ehemaligen Hochbunker in Köln-Nippes

Es begann mit einem Beton-Klotz: Ein fensterloser Hochbunker im zentrumsnahen Kölner Stadtteil Nippes, ein Relikt aus dem Zweiten Weltkrieg, war jahrzehntelang ein städtebaulicher Störfaktor. Nach mehreren Zwischennutzungen entschied sich der neue Investor für eine radikale Umgestaltung: Er beauftragte das Büro Luczak, hier großzügige Nutzungseinheiten zum Wohnen und Arbeiten zu schaffen. Zunächst mussten die Architekten das gewaltige Gebäude jedoch aufwändig entkernen: Gut 5 000 Tonnen Stahlbeton wurden wie aus einem Bergmassiv herausgeschnitten und -gesprengt. Anschließend entstand auf der Brachfläche – zusammen mit einem viergeschossigen Neubau, der die Lücke zur Straße hin schließt – ein Ensemble mit 17 Lofts und Stadtwohnungen.

Jede der Einheiten im ehemaligen Hochbunker ist wie ein Haus im Haus konzipiert und individuell auf die Bedürfnisse der jeweiligen Bauherren abgestimmt. Mit tiefen Einschnitten in die meterdicken Decken und Wände wurden die Hausscheiben zu geräumigen Wohneinheiten mit offenen, flexibel nutzbaren Grundrissen umfunktioniert: Sie reichen meist über zwei Etagen, haben geschossübergreifende Lufträume mit Galerieebenen sowie fassadenhohe, glasgedeckte Atrien, die das Licht tief ins Innere holen. Vorgelagerte Gärten und Terrassen stellen den direkten Bezug zum Außenraum her.

Zwei Stadthäuser werden hier exemplarisch vorgestellt: Im „Haus des Schreiners" bestimmen feine Teak- und Ebenholzeinbauten sowie eine skulpturale Treppe den Raumeindruck. Das Interieur steht in reizvollem Kontrast zu den rohen Betondecken und sichtbaren Schnittkanten in der Bunkerwand. Im Erdgeschoss gehen Koch-, Ess- und Wohnbereich offen ineinander über, im Obergeschoss befindet sich der Schlafraum mit separater Nasszelle. Besonderer Clou ist hier das große „Aufklappbad" mit einer frei stehenden holzverkleideten Wanne: Es lässt sich mit einer doppelflügeligen Tür raumhoch zur Galerie hin öffnen. Auch das „Haus der Sammler" im früheren, 18 Meter tiefen Flak-Turm gestalteten die Architekten als helles, offenes Raumkontinuum: Weiß verputzte Wände und geräuchertes Eichenparkett verleihen ihm eine besondere Eleganz – und bieten einen würdigen Rahmen für die Kunstsammlung der Eigentümer.

Mit ihrem innovativen Konzept ist es den Architekten nicht nur gelungen, die Vorzüge eines Reihenhauses im Grünen mit den Vorteilen urbanen, verdichteten Wohnens zu vereinen, sondern auch einen wichtigen Beitrag zur städtebaulichen Aufwertung des Quartiers zu leisten. Zugleich liefern sie damit auch einen zukunftsfähigen Gegenentwurf zu den flächenfressenden, ausufernden Einfamilienhausgebieten in den Vorstädten.

Die Häuser werden über einen geschützt liegenden Innenhof erschlossen. Der Eingang zum „Haus des Schreiners" befindet sich vorne rechts. Das „Haus der Sammler" betritt man über den ehemaligen Flak-Turm im Hintergrund.

Mit Einschnitten in die meterdicken Decken und Wände verwandelten die Architekten den ehemaligen Hochbunker zu einer attraktiven Reihenhausanlage und stockten sie um ein hölzernes Penthouse auf. Zweigeschossige, glasüberdeckte Atrien lassen das Licht tief in die Räume vordringen.

Eingangsbereich, Küche, Essplatz und Wohnhalle bilden im „Haus des Schreiners" eine offene, durchgängige Einheit, die sich über einen Luftraum mit der Galerie im Obergeschoss verbindet.

der frei auf Glasschwertern stehende Küchenblock aus Makassar-Ebenholz – Material und Detaillierung bilden einen reizvollen Kontrast zur Rauheit der Betondecke mit den einfachen Aufbauleuchten.

I Spuren der Vergangenheit: Die sichtbaren Schnittkanten in der historischen, 1,10 Meter dicken Bunkerwand sowie die außenbündigen Fenster machen die eindrucksvolle Materialstärke deutlich – und die Geschichte auch weiterhin präsent.

I Aufwändig in Teak-Holz ist das „Aufklapp-Bad" in der oberen Etage gestaltet: Einbauten und Wanneneinfassung wurden von der Schreinerei des Eigentümers angefertigt. In geöffnetem Zustand trennt die raumhohe Schwingtür links das Bad vom Flur ab.

Im „Haus der Sammler" verbindet eine zweigeschossige Lichthalle den Wohnbereich im Erdgeschoss mit der Arbeitsgalerie in der oberen Etage. Die große Wandfläche bietet viel Platz für die Bildergalerie der Bauherren.

Haus der Sammler

I Weiß verputzte Wände und dunkles, geräuchertes Eichenparkett bestimmen den Raumeindruck in der Eingangsebene. Der Essplatz in der Mittelzone des 18 Meter tiefen Gebäudes wird über eine weitere, zweigeschossige Lichthalle erhellt.

I Oberflächen aus Wenge-Holz sorgen in der geräumigen Küche für eine wohnliche Atmosphäre.

I Die Badewanne ist in ein elegantes Holzmöbel gefasst, ein turmartiges Oberlicht erhellt den innenliegenden Raum.

Gebäudedaten

Grundstücksgröße: 1 712 m²
Wohn- und Nutzfläche:
Haus des Schreiners 167 m²
Haus der Sammler 234 m²
Anzahl der Bewohner: 1/2
Bauweise: Massivbau
(Stahlbeton)
Baukosten gesamt:
ca. 3,9 Mio. Euro
(17 Einheiten)
Energiekonzept: Gasbrennwertheizung
Primärenergiebedarf:
81 kWh/m²a
Fertigstellung: 2004

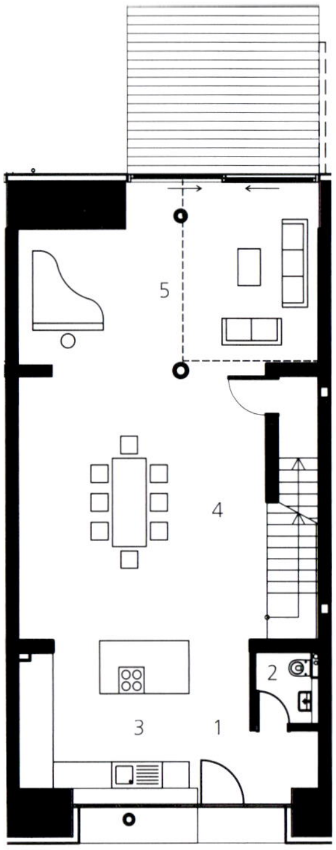

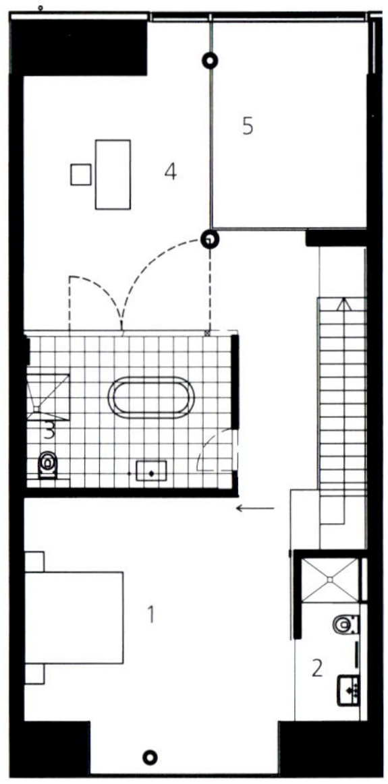

Haus des Schreiners:

Erdgeschoss
M 1:200

1 Eingang
2 Gäste-WC
3 Kochen
4 Essen
5 Wohnen

Obergeschoss
M 1:200

1 Schlafen
2 Dusche/WC
3 Aufklappbad
4 Arbeiten/Galerie
5 Luftraum

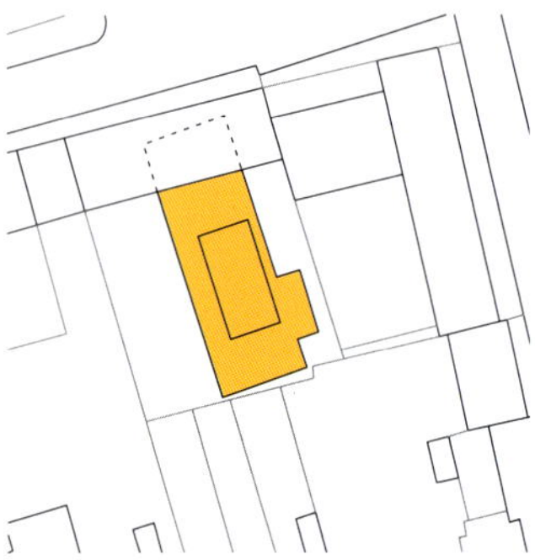

Lageplan

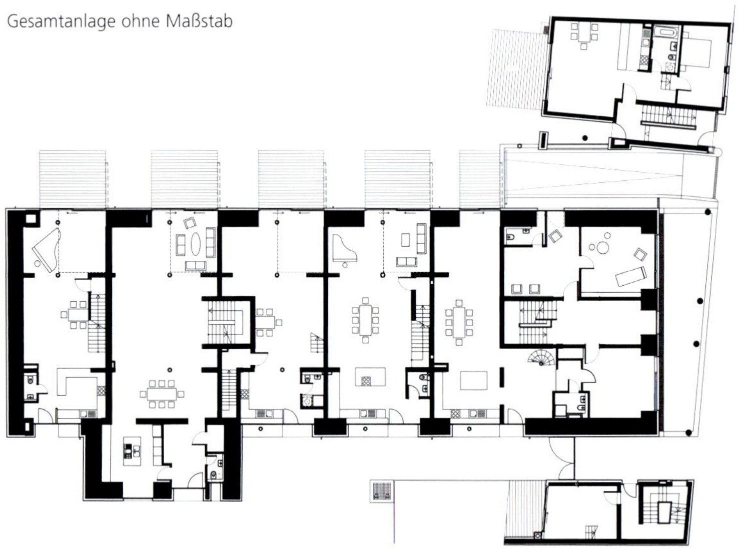

Gesamtanlage ohne Maßstab

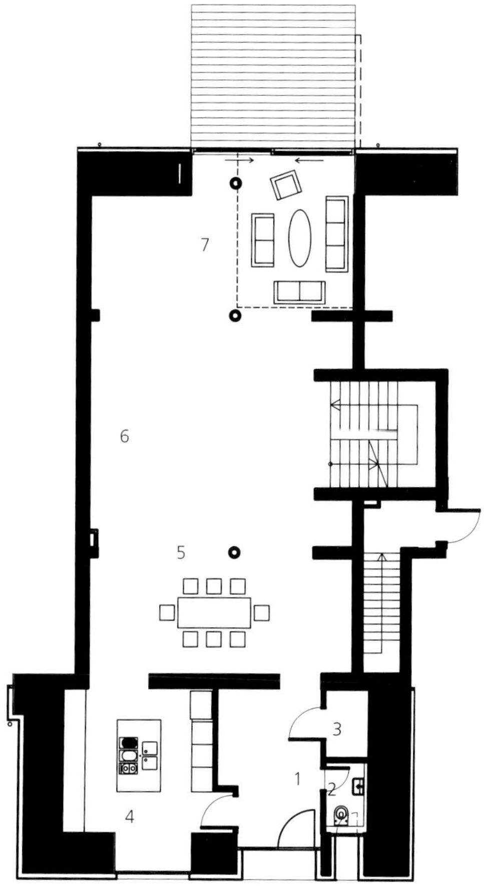

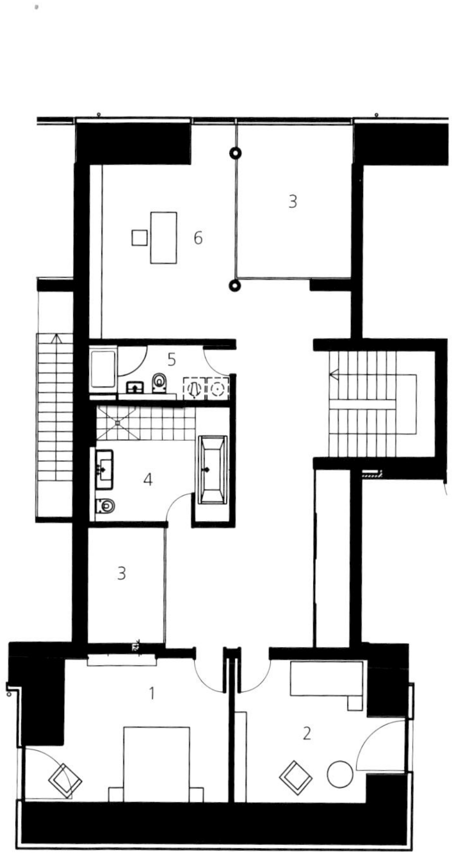

Haus der Sammler:

Erdgeschoss
M 1:200

1 Diele
2 Gäste-WC
3 Abstellraum
4 Kochen
5 Essen
6 Bibliothek
7 Wohnen

Obergeschoss
M 1:200

1 Schlafen
2 Zimmer
3 Luftraum
4 Bad
5 Dusche/WC/Waschen
6 Arbeiten/Galerie

Längsschnitt durch die Gesamtanlage ohne Maßstab

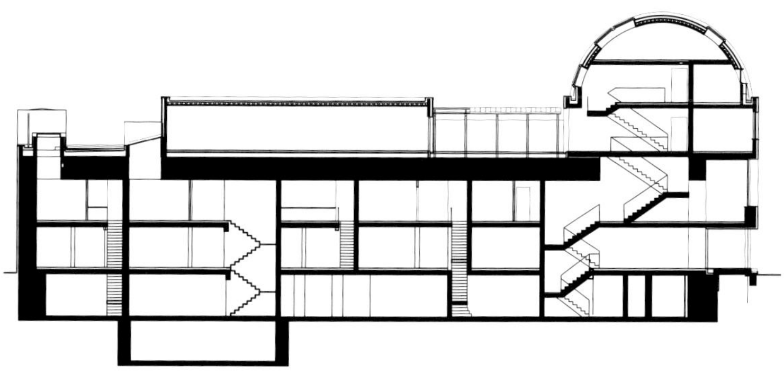

Querschnitt ohne Maßstab

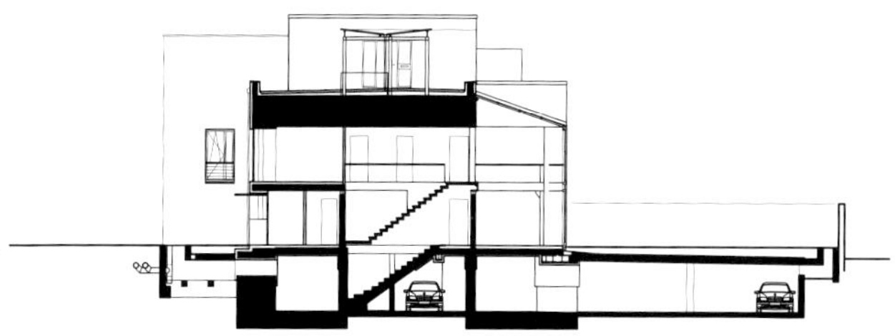

Villa mit Wellnessfaktor

Einfamilienhaus in Ludwigsburg

Im Ludwigsburger Süden, auf einer idyllisch gelegenen Randparzelle am Sonnenberg, entstand dieses Einfamilienhaus. Das Grundstück gehört zum Areal der ehemaligen amerikanischen Siedlung Pattonville, einer militärischen Konversionsfläche, die seit Mitte der 1990er-Jahre umstrukturiert und neu gestaltet wird. Durch Nachverdichtung und abrundende Bebauung soll in den kommenden Jahren eine „Stadt im Grünen" entstehen. Der Ausblick in die freie Landschaft bot auch den Bauherren einen Anreiz, sich hier niederzulassen: Das Grundstück ist an drei Seiten unverbaut – und wird es auch bleiben.

Der reizvollen Natur ringsum setzten die Architekten einen klassisch modernen, kubischen Baukörper mit Flachdach entgegen, der sich selbstbewusst in seiner Umgebung behauptet. Er orientiert sich ganz zur schönen Aussicht: Gebäudehohe Glasflächen und über Eck laufende, rahmenlose Fensterbänder lockern das strenge Gefüge der durchweg weiß verputzten Flächen mit ihren Vor- und Rücksprüngen auf. Das Haus zeigt größtmögliche Offenheit und bietet seinen Bewohnern dennoch den privaten Rückzugsort, den sie sich wünschten.

Das Erdgeschoss wird ganz vom offenen Koch-, Ess- und Wohnbereich eingenommen. Die Küchenzeile erstreckt sich über die gesamte Länge der Nordfassade: Ausmaß und Ausstattung lassen bereits erahnen, dass die Bauherren gerne Gäste empfangen und bewirten. Fast unbemerkt vollzieht sich der Übergang vom Wohnbereich ins Freie. Nahtlos gehen die großformatigen Natursteinplatten des Wohnzimmerbodens in die Terrasse über. Der harmonische Dreiklang immer wiederkehrender Materialien dominiert den Raumeindruck im ganzen Haus: beigefarbener Sandsteinboden, weiße Wände sowie dunkel gebeiztes Ahornholz für die Einbauten.

In der oberen Etage ist neben der offenen Arbeitsgalerie ein Gästezimmer mit eigenem Duschbad untergebracht. Der Schlafbereich der Bauherren liegt geschützt am Ende eines schmalen Stegs, der den Luftraum der Wohnhalle überbrückt. Eine zweiflügelige, raumhohe Schwingtür verschließt das Bad auf der rechten, den Schlafraum auf der linken Seite – oder trennt wahlweise den kompletten Trakt von der Brücke ab. In der Dachetage hat sich das Bauherrenpaar seinen ganz persönlichen Traum von einem eigenen Wellnessbereich erfüllt: Diese Ebene ist einzig dem Sport und der Erholung gewidmet. Entlang der Nordseite reihen sich einzelne Kabinen, Sanitärbereiche und das mit schwarzem Feinsteinzeug ausgekleidete Dampfbad aneinander. Im Süden und Westen ist der Raum vollflächig zur Dachterrasse hin verglast: Hier oben kann man ganz entspannt die Fernsicht genießen – und über die (un)wichtigen Dinge des Lebens erhaben sein.

I In klassisch moderner Architektur- und Formensprache präsentiert sich dieser weiß verputzte Kubus: Gebäudehohe Glasflächen, über Eck laufende Fensterbänder sowie Vor- und Rücksprünge in der Fassade beleben die strenge Form.

I Jede Seite des Hauses hat ein anderes Gesicht: Die Westfassade öffnet sich mit einer zweigeschossigen Glasfront zum Garten, der Wohnraum erweitert sich schwellenlos auf die vorgelagerte Terrasse.

Eine schmale Brücke mit transparenten Glasbrüstungen führt über den Luftraum der Wohnhalle hinweg. Hinter der doppelflügeligen Schwingtür am Ende des Gangs befindet sich der Schlaftrakt mit Bad und Ankleide.

Erhabener Aussichtsposten: Vom Wellnessbereich in der obersten Etage kann der Blick über die Dachterrasse hinweg ungehindert in die Ferne schweifen.

Wie eine Skulptur wirkt die massive Treppe ins Obergeschoss: Ihr grafisch-strenges Bild wird von den dunkel gebeizten Holzstufen zusätzlich betont.

Im Schlafzimmer rahmen geschickt gesetzte Fensteröffnungen die Ausblicke in die schöne Landschaft.

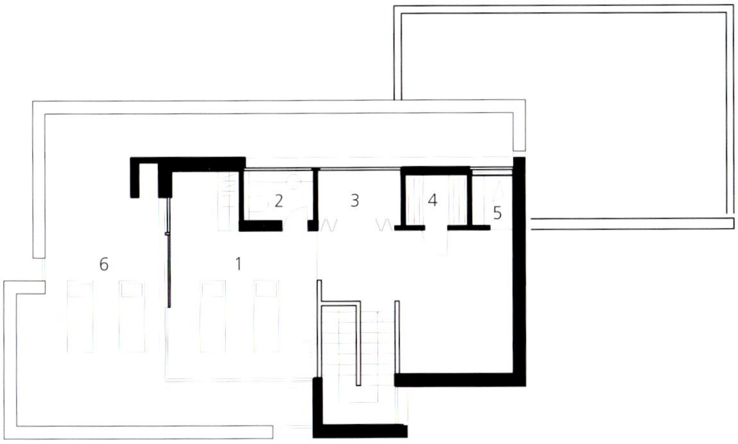

2. Obergeschoss
M 1:200

1 Fitness/Ruhe
2 WC
3 Solarium
4 Dampfbad
5 Dusche
6 Dachterrasse

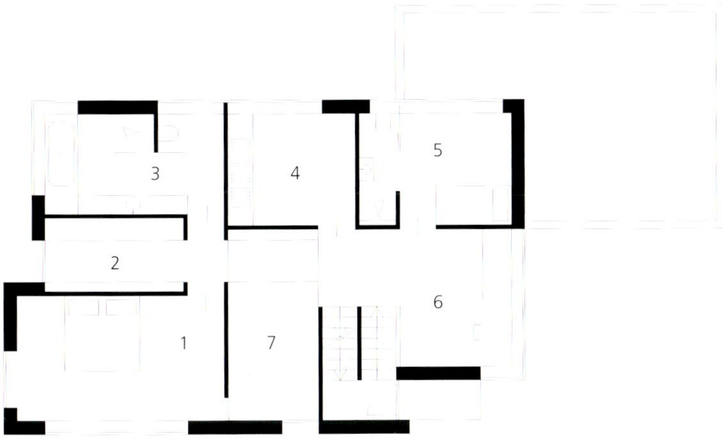

1. Obergeschoss
M 1:200

1 Schlafen
2 Ankleide
3 Bad
4 Hauswirtschaft
5 Zimmer/Gast
6 Arbeiten
7 Luftraum

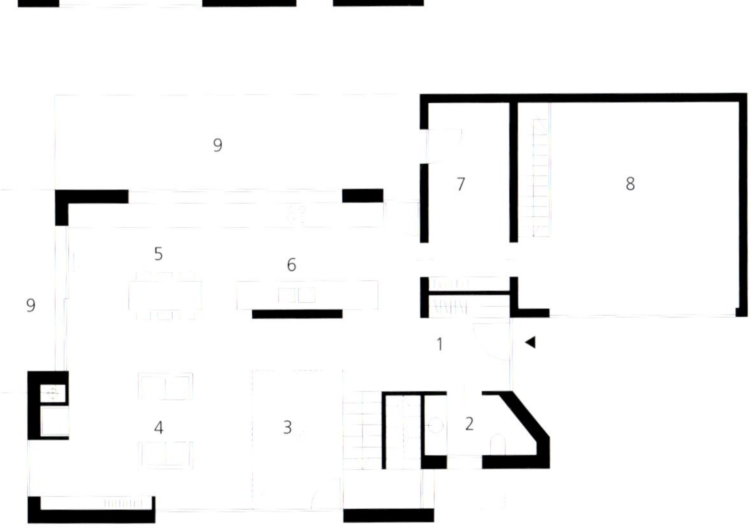

Erdgeschoss
M 1:200

1 Windfang/Garderobe
2 Gäste-WC
3 Luftraum
4 Wohnen
5 Essen
6 Kochen
7 Hauswirtschaft
8 Garage
9 Terrasse

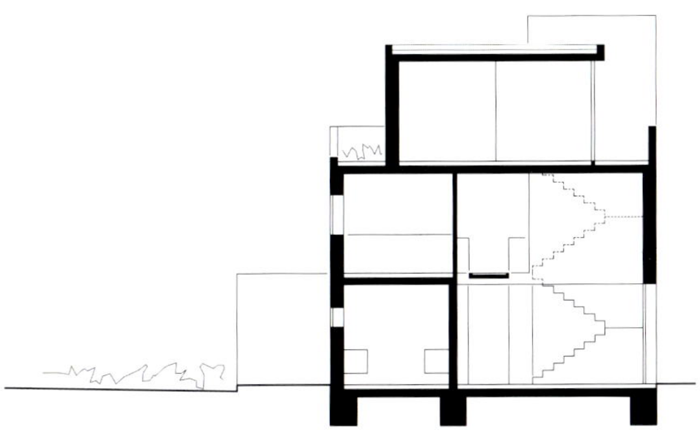

Schnitt
ohne Maßstab

Gebäudedaten

Grundstücksgröße: 1 000 m²
Wohnfläche: 220 m²
Zusätzliche Nutzfläche: 85 m²
Anzahl der Bewohner: 2
Bauweise: Massivbau (Stahlbeton/Porenbetonsteine)
Baukosten je m² Wohn- und Nutzfläche: 1 754 Euro
Baukosten gesamt: 535 000 Euro
Energiekonzept: Gasbrennwerttherme
Heizwärmebedarf: 66 kWh/m²a
Primärenergiebedarf: 109 kWh/m²a
Fertigstellung: 2005

Lageplan

Der Schmetterling ist gelandet

Einfamilienhaus in Bad Hindelang

Auf einer Bergwiese im Oberallgäu entstand dieses in vielerlei Hinsicht außergewöhnliche Haus. Allein schon das Grundstück ist einzigartig: ein knapp 5 000 Quadratmeter großes Areal, eingebettet in die sanfte Hügellandschaft des Voralpenlands, umrahmt von der malerischen Gebirgskulisse im Hintergrund. In dieser fantastischen Umgebung sollte, dem Wunsch der Bauherren folgend, ein „Haus der Emotionen" entstehen: ein Gebäude mit unterschiedlichsten atmosphärischen und räumlichen Qualitäten, das die Natur hereinholt und die wechselnden Lichtstimmungen der Tages- und Jahreszeiten erlebbar macht.

Mit fließenden Linien wurde die neue Wohn- und Erlebniswelt der vierköpfigen Familie gestaltet. Die Architekten griffen die Topografie des Hangs auf und entwarfen einen Baukörper, der sich an den Höhenlinien entlang schmiegt und seinen formalen Ausdruck in einer zeichenhaften, organischen Architektursprache findet: Die Grundrissfigur erinnert an die Umrisse aufgespannter Schmetterlingsflügel. Die auskragenden Dachkrempen, die im Gegensatz zur massiven Gebäudehülle als leichte Holzkonstruktion ausgeführt sind, akzentuieren diese Außenform. Im Innern der begehbaren Skulptur entstand eine abwechslungsreiche Wohnlandschaft, die immer wieder neue, überraschende Perspektiven eröffnet und faszinierende Sichtbezüge herstellt: Der Rundumblick in die idyllische Umgebung wird durch großzügige geschosshohe Panoramascheiben aus gebogenem Glas gekonnt inszeniert.

Die Aufenthaltszonen gehen fast nahtlos ineinander über, geschwungene Wände begleiten das offene Raumkontinuum. Im Erdgeschoss sind jedem der vier Flügel unterschiedliche Funktionsbereiche zugeordnet: Wohnhalle, Küche mit Essplatz, Kindertrakt sowie eine ausgedehnte Wellnesszone. Auch im Obergeschoss, das als frei fließender Baukörper diagonal über dem Erdgeschoss platziert ist, stößt man auf keine gerade Wand: Hier ist der separate Schlaf- und Arbeitsbereich der Eltern untergebracht, der über einen Luftraum neben der Empore Sichtkontakt zur Wohnebene hält.

Bei der Gestaltung der Innenräume beschränkten sich die Bauherren auf wenige Farben und Materialien: naturbelassene Putzoberflächen, heller Steinboden, weiße Türen und Einbauten sowie ein mittelbraunes Dielen-Parkett bestimmen die elegant-zurückhaltende Ausstattung, ohne die Dominanz der architektonischen Form in Frage zu stellen. Die Wohnräume erhielten eine innovative technische Ausrüstung mit einer Speicherprogrammierbaren Steuerung (SPS) für alle elektrischen Bauteile. Das Haus wird über eine Erdwärmepumpe beheizt, ein Kapillarensystem in Decke, Wand und Boden sorgt für ein gleichmäßiges, angenehmes Raumklima.

Kurvenreich ist dieses ungewöhnliche Einfamilienhaus gestaltet: Seine Grundrissfigur zeichnet die Umrisse aufgespannter Schmetterlingsflügel nach. Die auskragenden Dachkrempen verleihen dem Bau etwas Heiter-Beschwingtes.

I Geschosshohe Flächen aus gebogenem Glas sorgen für maximale Transparenz – und ermöglichen einen fantastischen Rundumblick in die idyllische Voralpenlandschaft.

I Das Haus orientiert sich an der Topografie des Hangs und folgt den sanft geschwungenen Höhenlinien. Das Obergeschoss ist als frei fließender Baukörper diagonal auf dem Erdgeschoss platziert.

I In der verglasten Wohnhalle im Erdgeschoss ist die Natur immer präsent. Die Sitznische ist leicht unter Fußbodenniveau abgesenkt, ein offener Kamin sorgt für gemütliche Lagerfeueratmosphäre.

I Der zweigeschossige Luftraum, der die Wohnhalle mit der Galerie in der oberen Etage verbindet, lässt ein Gefühl von Offenheit und Weite entstehen.

Schöne Ausblicke in die freie Landschaft bieten sich vom großzügig angelegten Wellnessbereich mit Whirlpool und Ruhezone im nördlichen Gebäudeflügel.

Geschwungene Wände bestimmen auch den Raumeindruck im Elternbad im Obergeschoss. Heller Natursteinboden und maßgefertigte Einbauten aus Holz machen es zum wohnlichen Refugium.

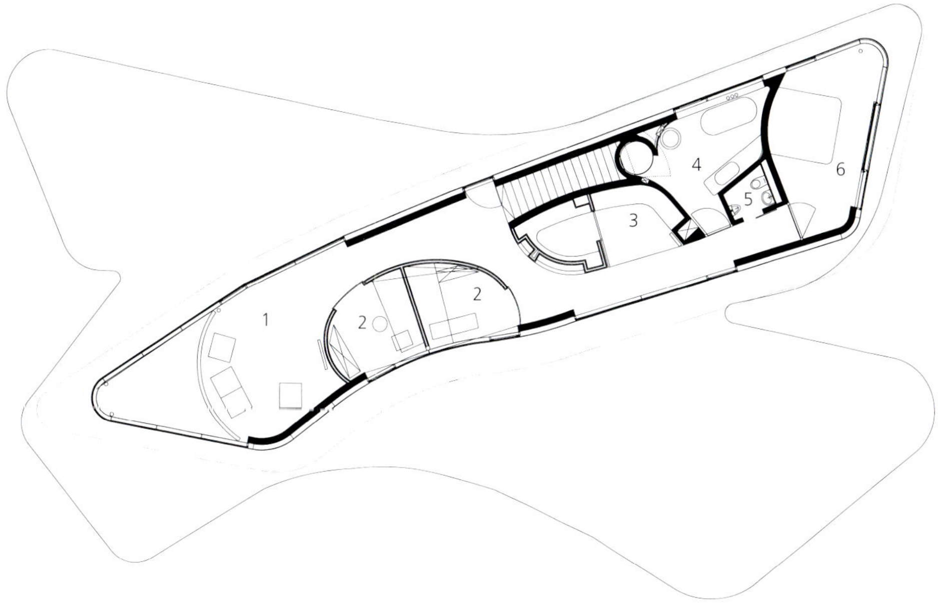

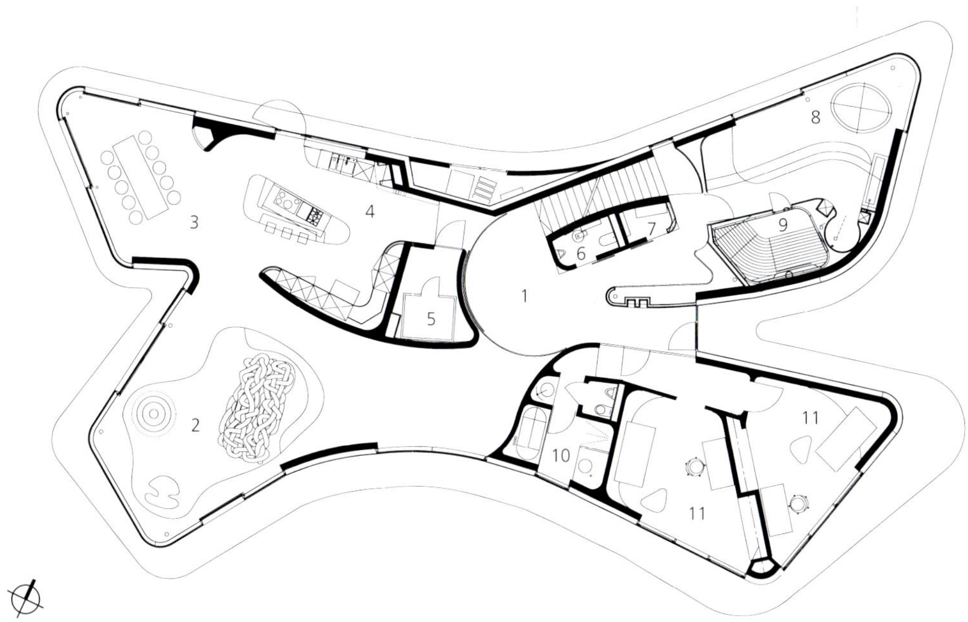

Erdgeschoss
M 1:250

1 Diele
2 Wohnen
3 Essen
4 Kochen
5 Speisekammer mit Kühlzelle
6 Gäste-WC
7 Abstellraum/Technik
8 Wellnessbereich mit Whirlpool
9 Sauna
10 Kinderbad
11 Kind

Obergeschoss
M 1:250

1 Empore
2 Arbeiten
3 Ankleide
4 Bad
5 WC
6 Schlafen

Gebäudedaten

Grundstücksgröße: 4852 m²
Wohnfläche: 375 m²
Zusätzliche Nutzfläche:
94 m² (Garage aus Bestand)
Anzahl der Bewohner: 4
Bauweise: Massivbau (Stahlbeton, Wärmedämmverbundsystem), leichte Vordächer in Holzkonstruktion
Baukosten: keine Angaben
Energiekonzept:
Erdwärmepumpe, Kapillarenheizsystem in Decke, Wand und Boden, Kaminofen als Zusatzheizung
Heizwärmebedarf:
66 kWh/m²a
Primärenergiebedarf:
88 kWh/m²a
Fertigstellung: 2006

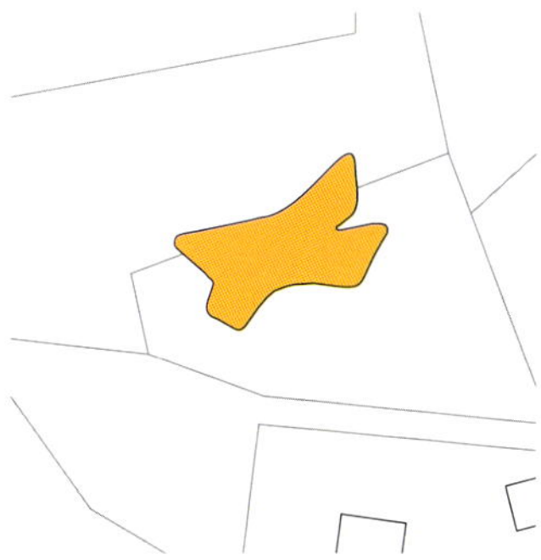

Lageplan

Modern aus Tradition

Einfamilienhaus in Schoppernau

Als Vorzeigeland in Sachen Architektur nimmt die Region Vorarlberg seit Jahrzehnten einen viel beachteten Platz in der europäischen Fachwelt ein. Das liegt nicht nur an einzelnen spektakulären Gebäuden, sondern gerade auch an der hohen Qualität der Alltagsbauten. An den unprätentiösen, modernen Häusern mit ihren klar aufgebauten Grundrissen überzeugt die einfache Materialisierung und solide Ausführung ebenso wie ihr sparsamer Umgang mit natürlichen Ressourcen. All dies waren und sind bis heute Markenzeichen einer regionalen Baukultur, die sich der Tradition verpflichtet fühlt – und auf nachhaltige Planung sowie handwerkliches Know-how setzt.

Auch das Einfamilienhaus, das in der kleinen Gemeinde Schoppernau entstand, nimmt auf diese Tradition Bezug. Das Gebäude liegt exponiert an einer stark befahrenen Bundesstraße und orientiert sich in seinem Erscheinungsbild an der Typologie des Bregenzerwälder Bauernhauses: Es ist ein schlichter Langbau mit Satteldach und Holzfassade, der sich harmonisch, aber dennoch eigenständig ins Ortsbild fügt und sämtliche Funktionen in einem einzigen, klar geschnittenen Volumen zusammenfasst.

Das Raumprogramm ist auf zwei Geschossen organisiert: Der Wohnbereich wurde in die obere Etage gelegt, sodass er übers ganze Jahr hinweg optimal belichtet und besonnt wird. Im Erdgeschoss befinden sich Eingangsbereich und Garage sowie die Schlafräume, die sich zum Garten hin orientieren. Die vorgelagerte Loggia lässt sich bei Bedarf mit hölzernen Schiebeläden schließen, sodass die Intimität der Räume gewahrt bleibt. In der Materialwahl werden private Rückzugszonen und Gemeinschaftsbereiche klar voneinander unterschieden: Während die Schlaf- und Nebenräume mit gespachtelten Wandoberflächen betont schlicht gestaltet sind, wurde der gesamte Wohnbereich mit einer Holztäfelung aus Weißtanne verkleidet.

Bei der Wahl der Bauweise entschieden sich die Architekten für eine Mischkonstruktion: Da der Schlafbereich auf Straßenniveau liegt, mussten aus Schallschutzgründen hier möglichst hohe Dämmwerte erzielt werden. Das Erdgeschoss wurde daher als Massivbau ausgeführt, die Wohnetage hingegen als Holzelementkonstruktion. Eine feine horizontale Holzschalung aus Weißtanne prägt das einheitliche Fassadenbild, unterbrochen nur von wenigen, großzügigen Fensterausschnitten. Alle Laibungen sind aufwändig in Kupferblech gefasst. Mit diesem Motiv knüpfen die Architekten ebenfalls mit zeitgemäßen Mitteln an die regionale Bautradition an: Der Ausbildung der Fensterdetails wurde bei den sonst schlichten Bregenzerwälder Häusern immer besondere handwerkliche und gestalterische Aufmerksamkeit geschenkt.

I Eine moderne Variante des Bregenzerwälder Bauernhauses: Mit seiner einfachen geometrischen Grundform, der Holzverkleidung aus sägerauer Weißtanne sowie den in Kupferblech gefassten Fensterlaibungen stellt das Haus mit zeitgemäßen Mitteln Bezüge zur regionalen Bautradition her.

I Auf der Gartenseite sind Fenster und Glasfronten zu großen Fassadenausschnitten zusammengefasst. Der Wechsel zwischen offenen und geschlossenen Bereichen wird durch die umlaufende Einfassung aus Kupferblech akzentuiert.

Raumhohe Glasfronten sorgen für eine optimale Belichtung des offenen Wohnbereichs, der sich über eine großzügige, witterungsgeschützte Loggia ins Freie erweitert.

Das Treppenhaus wurde – wie auch der gesamte Wohnbereich in der oberen Etage – bis unter die Dachschräge aufwändig mit einer Holztäfelung aus Weißtanne verkleidet.

Wesentlich puristischer, in Weiß und hellen Grautönen, sind die Räume im Erdgeschoss gestaltet. Das Elternbad ist nur durch eine Glasscheibe vom Schlafzimmer getrennt und wird durch ein schmales Oberlichtband erhellt.

Die Schlafräume auf der Gartenseite werden über eine schmale vorgelagerte Loggia miteinander verbunden. Hölzerne Schiebeläden dienen als Sichtschutz und sorgen in geschlossenem Zustand für reizvolle Licht- und Schattenspiele.

Dunkler Parkettboden aus Nussbaumholz kontrastiert mit hellen Wand- und Deckenvertäfelungen. Einen fröhlich bunten Farbakzent setzt die kleine Leseecke, die als Alkoven ausgebildet ist.

Obergeschoss
M 1:200

1 Flur
2 WC
3 Leseecke
4 Wohnen
5 Kochen/Essen
6 Abstellraum
7 Loggia

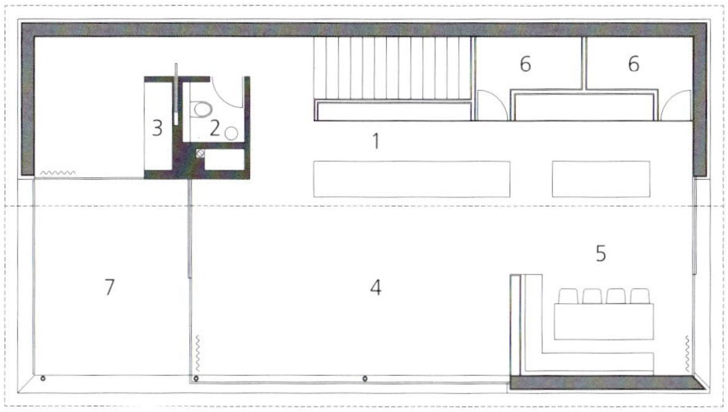

Gebäudedaten

Grundstücksgröße: 1 128 m²
Wohnfläche: 150 m²
Zusätzliche Nutzfläche: 114 m²
Anzahl der Bewohner: 4
Bauweise: Holzelementbau auf massivem teilunterkellertem Erdgeschoss
Baukosten: keine Angaben
Energiekonzept: Erdwärmepumpe, Kaminofen als Zusatzheizung
Heizwärmebedarf: 65 kWh/m²a
Fertigstellung: 2006

Erdgeschoss
M 1:200

1 Eingang/Windfang
2 Flur
3 Kinderbad
4 WC
5 Elternbad
6 Schlafen Eltern
7 Kind
8 Garage
9 Loggia/Terrasse
10 Abstellraum

Schnitt
M 1:200

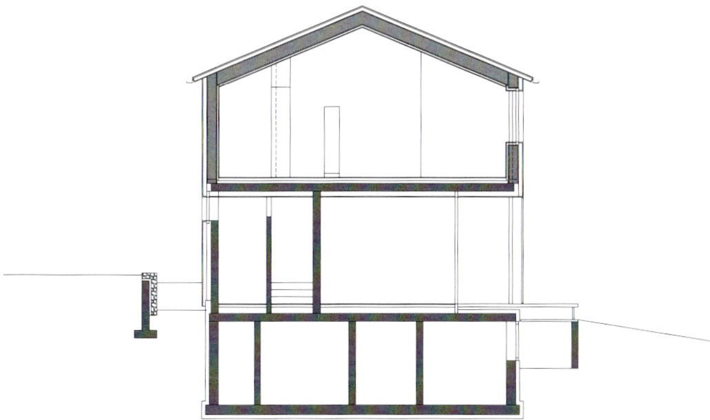

Lageplan

Lichtblick am Waldrand

Einfamilienhaus bei Warschau

Ein verwunschenes Grundstück am Waldrand, dicht bestanden von alten Kiefern und Birken: Lange hatten die Bauherren nach einem geeigneten Standort für ihr neues Domizil gesucht, bis sie endlich fündig wurden. Hier, in einem der Außenbezirke Warschaus, an der Grenze zwischen einem locker bebauten Einfamilienhausgebiet und einer Waldlichtung, wollten sie sich ihren Traum von einem Leben inmitten der Natur verwirklichen.

Die Bäume waren es auch, die die Lage des Baukörpers auf dem weitläufigen, gut 2 000 Quadratmeter großen Areal vorgaben: Der zweigeschossige Bau rückt nah an die nördliche Grundstücksgrenze heran, sodass der vorhandene Bestand weitgehend unangetastet bleiben konnte. Der romantischen natürlichen Umgebung setzten die Architekten ganz bewusst einen streng geometrischen, schlichten weißen Kubus entgegen, der einen spannungsreichen Kontrast dazu bildet.

Auf beiden Ebenen verzahnt sich das Haus mit dem Freiraum. Im Erdgeschoss verlängern sich Essplatz und Wohnbereich über Terrassen sowie ausgedehnte Kiesflächen, die von gemauerten Sitzbänken umfasst werden, in den Garten. Im Obergeschoss wird der Balkon von dem weit vorgezogenen Betondach beschirmt, das sich zusammen mit zwei seitlich hervortretenden Wandscheiben wie ein breiter, massiver Rahmen um die Fassade legt. Dieser endet an der südwestlichen Gebäudeecke gut einen halben Meter über dem Erdboden: Mit einem Knick im rechten Winkel formt sich hier eine weitere kleine Sitzbank heraus, die frei über dem Gelände zu schweben scheint. Durch Vor- und Rücksprünge sowie Einschnitte in der Fassade wird die glatte Außenfront des Hauses immer wieder aufgelockert und der strengen Form zugleich etwas Skulpturales hinzugefügt. Konsequent wurden auch die Schlafplätze für die zahlreichen vierbeinigen Hausbewohner in dieses Konzept integriert: Hunde und Katzen haben ihren Unterschlupf in einem niedrigen, gemauerten Trakt neben dem Eingang.

Auch die Räume im Obergeschoss haben großflächige Fenster, die gezielt auf die Ausblicke in die Umgebung gerichtet sind. Sie gruppieren sich um einen zentralen Flur, der durch einen glasüberdachten Luftraum neben der Treppe direkt mit dem Wohnbereich im Erdgeschoss verbunden ist. Auf diese Weise kann das Licht auch von oben weit ins Innere vordringen. Die Räume sind einfach und zurückhaltend gestaltet: Weiß getünchte Wände und helles Ahornparkett sorgen für eine lichte, angenehme Wohnatmosphäre und lenken nicht vom Wesentlichen ab: der faszinierenden Aussicht auf die Naturkulisse, die im Wechsel der Jahreszeiten unterschiedlichste Lichtstimmungen und Farbtöne annimmt.

I Das weitläufige Grundstück ist dicht bestanden von alten Birken und Kiefern. Mit seiner schlichten, kubischen Form und der weiß verputzten Fassade setzt das Haus ganz bewusst auf Kontraste zur umgebenden Naturlandschaft.

I Eher verschlossen gibt sich der Eingangsbereich an der Nordseite. Ein zweistufiges, breites gemauertes Podest entwickelt sich aus der Gebäudehülle heraus: Der höhere Teil dient als Hundehütte, der flachere als Sitz- und Ablagefläche.

I Faszinierende Ausblicke in den Garten bieten sich vom offenen Wohnraum im Erdgeschoss.

I Über einen Luftraum hat der Wohnbereich Sichtkontakt zur Galerie in der Schlafebene. Durch das Oberlicht in der Dachfläche wirkt das Innere angenehm hell.

I Die Treppenhauswand in der zweigeschossigen Wohnhalle wird zur Projektionsfläche für wechselnde Licht- und Schattenspiele.

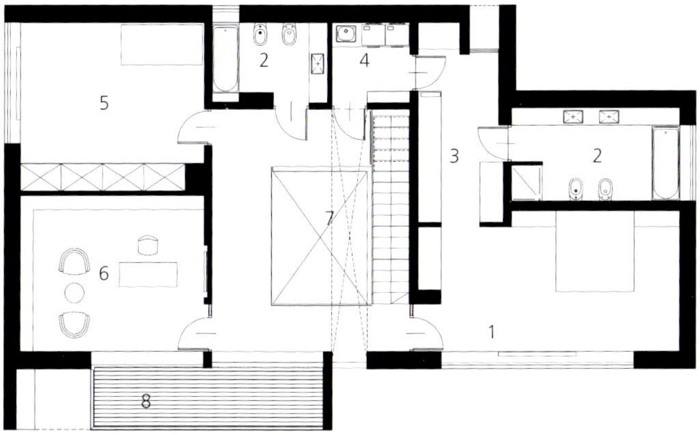

Obergeschoss
M 1:200

1 Schlafen
2 Bad
3 Ankleide
4 Wäsche
5 Zimmer
6 Arbeiten/Studio
7 Luftraum
8 Balkon

Gebäudedaten

Grundstücksgröße: 2067 m²
Wohnfläche: 200 m²
Zusätzliche Nutzfläche: 29 m²
Anzahl der Bewohner: 2
Bauweise: Massivbau (Stahlbeton, Mauerwerk)
Baukosten: keine Angaben
Energiekonzept: Gastherme, Kaminofen
Heizwärmebedarf: ca. 45 kWh/m²a
Fertigstellung: 2007

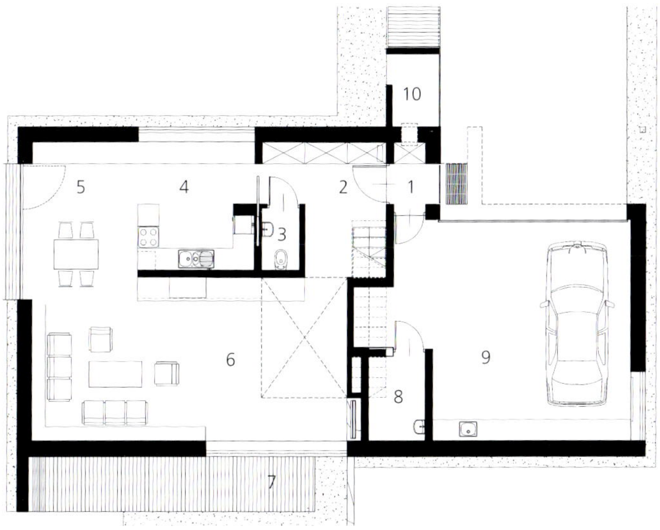

Erdgeschoss
M 1:200

1 Windfang
2 Diele
3 Gäste-WC
4 Kochen
5 Essen
6 Wohnen
7 Terrasse
8 Heizung
9 Garage
10 Hundehütte

I Wohnlandschaft am Waldrand: Mit Vor- und Rücksprüngen in der Fassade, holzgedeckten Terrassen und gemauerten Sitzbänken verzahnt sich das Haus mit dem Garten. Dank einer gläsernen Balkonbrüstung kann man auch im Obergeschoss den Blick ins Freie ganz ungetrübt genießen.

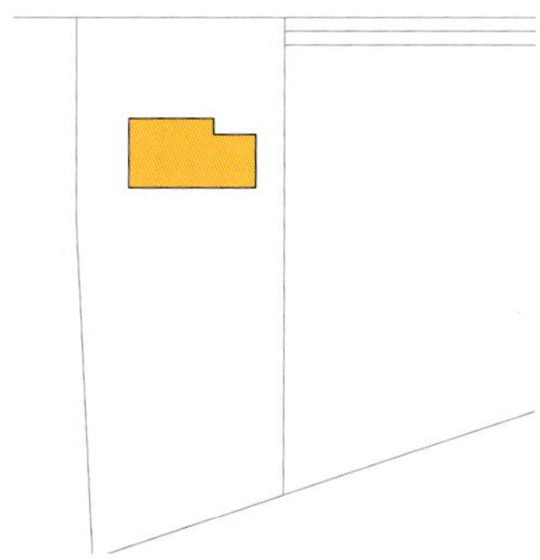

Lageplan

Mut zum Experiment

Aus der Vogelperspektive erinnert die polygonale Form mit ihrer teilweise transluzenten, schimmernden Hülle an einen Diamanten; betrachtet man die Konstruktion vom Boden aus, denkt man unwillkürlich an ein Zelt. Doch welche Assoziation man beim Anblick dieses geheimnisvollen Gebäudes auch haben mag, eines steht fest: Mit einem konventionellen Einfamilienhaus hat das „Wall House", das Marc Frohn und sein südamerikanischer Büropartner Mario Rojas Toledo am Rande von Santiago de Chile bauten, nichts mehr zu tun.

Das Low-Budget-Haus basiert auf der Entwurfsidee von vier Wandlayern – einzelnen Schichten, die eine Serie von Räumen und differenzierten Klimazonen bilden. Das erste Element, „concrete cave", ist der massive, rechteckige Betonkern im Zentrum, um den sich eine regalartig gestapelte Holzkonstruktion, „stacked shelving", als zweite Zone aufbaut. „Milky shell", eine Hülle aus Polycarbonatstegplatten und Isolierglasscheiben, umgibt allseitig den Innenraum und trennt ihn klimatisch von seiner Umgebung. Die Außenhaut des Hauses, „soft skin", besteht aus zwei verschiedenen textilen Geweben: Es sind Materialien, die üblicherweise im Gewächshausbau eingesetzt werden und diffuses Licht ins Innere dringen lassen. In der Reihenfolge der einzelnen Membranen spiegelt sich nicht nur der formale, sondern auch der funktionale Aufbau des Hauses wider: Während die innersten Zonen die technisch anspruchsvollsten Wohnfunktionen, wie Küche oder Bad aufnehmen, „verroht" das Haus und die Auswahl seiner Materialien und Oberflächen nach außen hin immer mehr.

Auch das Klimakonzept baut auf der intelligenten Hierarchie der „Layer" auf: In Fundamentplatte und Betonkern ist eine gasbetriebene Strahlungsheizung integriert, die das Erdgeschoss über den Boden, das Obergeschoss über den massiven Kern angenehm temperiert. Im Sommer kann dieser Kreislauf mithilfe einer Wärmepumpe zur Kühlung genutzt werden. Aufsteigende warme Innenluft kann gegebenenfalls durch Klappfenster in der Dachebene der Polycarbonathülle entweichen. Der textile Energieschirm der Außenhaut besteht aus reflektierenden Aluminiumbändchen, die mit Polymerfäden verwoben sind. Je nach Himmelsrichtung können damit bis zu zwei Drittel des Sonnenlichts vom Haus wegreflektiert werden – was wiederum den Energiebedarf für die Klimatisierung des Innenraums reduziert.

Die bodennahen Flächen der Außenhaut sind mit Insektengewebe bespannt. Da diese Membran im Erdgeschoss bis zu 4,5 Meter von der Polycarbonathülle entfernt ist, entsteht ein vielfältig nutzbarer Außenraum, in den die Stechmücken nicht eindringen können: Er lässt sich durch drei eingenähte Reißverschlüsse komplett verschließen.

Das äußere Erscheinungsbild des futuristisch anmutenden Gebäudes wird von transluzenten textilen Geweben bestimmt – Materialien, die üblicherweise im Gewächshausbau eingesetzt werden: Sie lassen diffuses Licht ins Innere dringen und tragen durch ihre teilweise reflektierenden Oberflächen zur diamantartigen Erscheinung des Hauses bei.

I Die hellere Bespannung ist ein textiler Energieschirm aus Aluminiumbändchen und Polymerfäden: Er reflektiert das Sonnenlicht und sorgt für ein angenehmeres Raumklima. Das dunklere Stoffnetz dient als Insektenschutz und lässt sich durch Reißverschlüsse vollständig verschließen.

I Die Grenzen zwischen innen und außen sind fließend: Unter der zeltartigen Bespannung mit textilen Membranen entsteht ein großzügiger, vielfältig nutzbarer Zwischen-Raum im Freien.

I Den Innenraum überspannt eine transluzente Hülle aus Polycarbonatstegplatten sowie Isolierglasscheiben, die für die klimatische Trennung von der Umgebung sorgen. Regalwände aus Sperrholz und Schaltafeln zonieren das Erdgeschoss.

I Breite, raumhohe Schiebetüren erlauben je nach Tages- und Jahreszeit die vollständige Öffnung des Hauses.

I Im Obergeschoss gliedert eine Fachwerkkonstruktion aus Ingenieurholz die offene Raumstruktur – und dient zugleich als begehbarer Schrank: Zwischen die Träger sind Regalbretter integriert, die zusätzlichen Stauraum bieten.

I Ungewöhnlich ist auch das Bad im Erdgeschoss gestaltet, das über die milchige Außenhaut diffus belichtet wird: Die mit Mosaikfliesen verkleidete Wanne wurde in den Boden eingelassen.

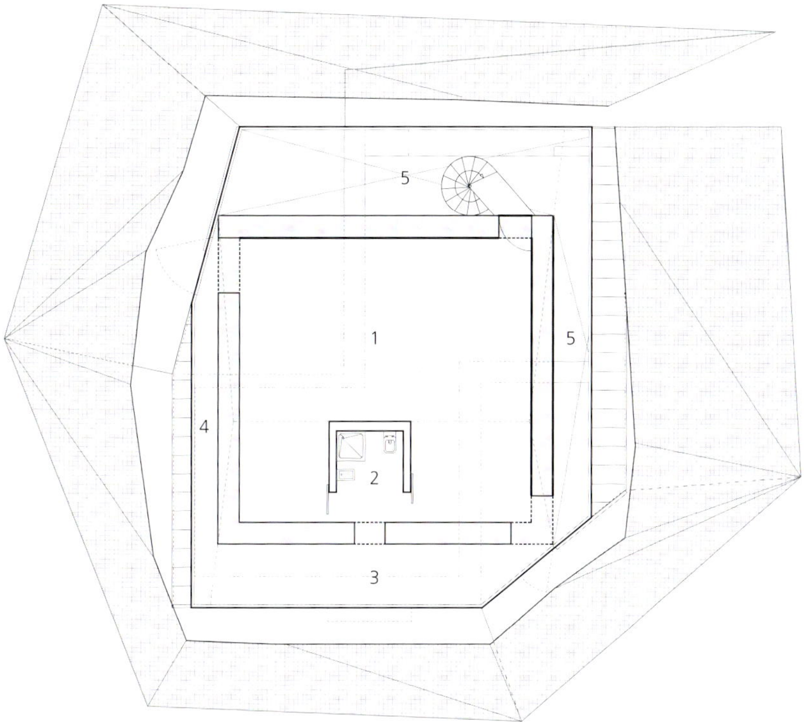

Obergeschoss
M 1:200

1 Loft
2 Bad
3 begehbarer Schrank
4 Stauraum
5 Luftraum

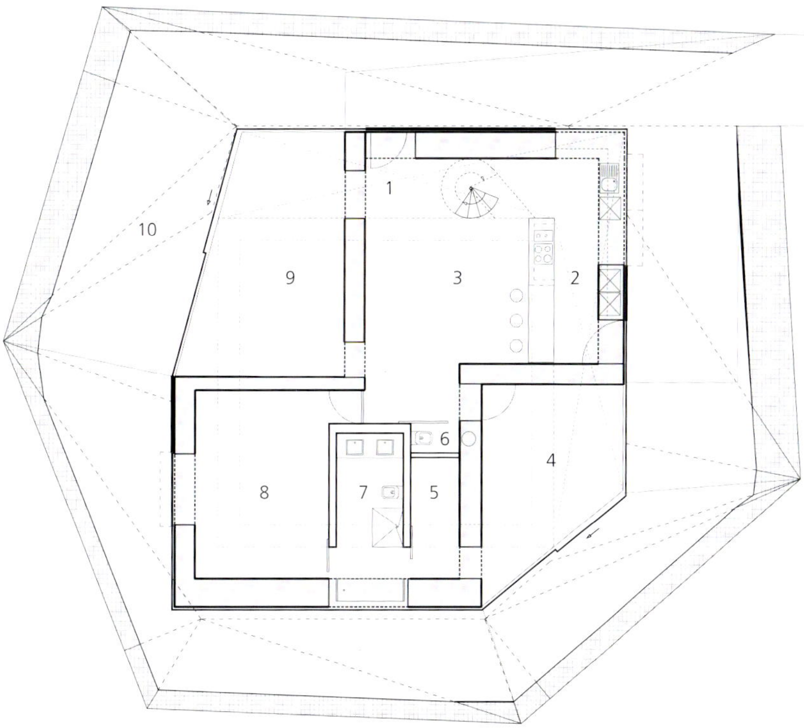

Erdgeschoss
M 1:200

1 Eingang
2 Kochen
3 Essen
4 Schlafen
5 begehbarer Schrank
6 WC
7 Bad
8 Studio/Gast
9 Wohnen
10 Terrasse

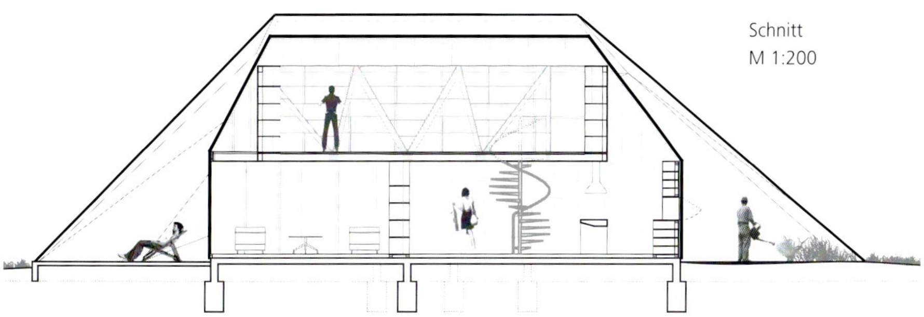

Schnitt
M 1:200

Gebäudedaten

Grundstücksgröße: 5 754 m²
Wohnfläche: 231 m²
Anzahl der Bewohner: 2–3
Bauweise: Stahlbetonkern, Fachwerkträger aus Ingenieurholz, Hülle aus Polycarbonat/UV-Insektenschirm
Baukosten je m² Wohn- und Nutzfläche: ca. 433 Euro
Baukosten gesamt: ca. 100 000 Euro
Energiekonzept: gasbetriebene Strahlungsheizung, im Sommer passive Kühlung mittels Wärmepumpe
Heizwärmebedarf: 35 kWh/m²a
Primärenergiebedarf: 38,5 kWh/m²a
Fertigstellung: 2007

Lageplan

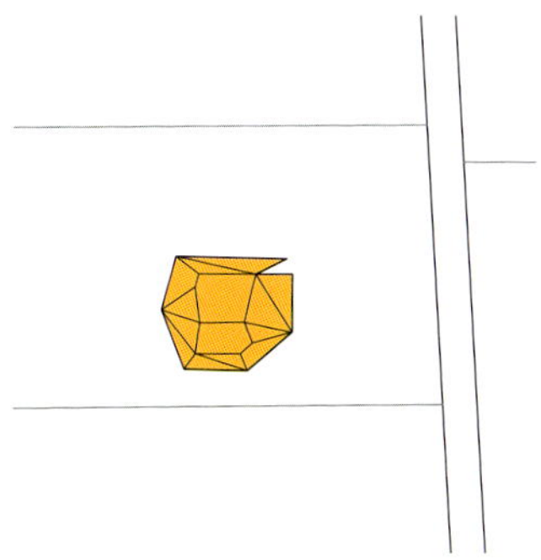

Johannes Kaufmann, Dornbirn

Schaufenster zur Landschaft

Einfamilienhaus in Klosterneuburg

Weingärten und Wiesen mit alten Bäumen umgeben das idyllische Grundstück am Buchberg in Klosterneuburg. Auf dem gut 7 000 Quadratmeter großen Areal hatte sich ursprünglich das Elternhaus des Bauherrn befunden: ein Gebäude aus den 1960er-Jahren, das nicht nur technisch veraltet war, sondern auch den Wohnbedürfnissen der jungen Familie in keiner Weise mehr entsprach. Der Bestand wurde daher bis auf die Fundamente abgebrochen und durch einen modernen Holzbau ersetzt. Das Gelände fällt nach Norden um mehrere Meter ab, sodass das Haus auf der Zufahrtsseite nun mit zwei Geschossen, im Süden hingegen eingeschossig aus dem Gelände hervortritt.

Aufgrund der Hanglage entschieden sich die Architekten für einen Mischbau: Auf das massive, teils betonierte, teils gemauerte Untergeschoss wurde die Wohnebene als vorgefertigte Holzkonstruktion aufgesetzt. Die Außenwände umhüllt eine vertikale Schalung aus Lärchenholzlamellen, die einen ungewöhnlich weiten Abstand zum Baukörper hält: Sie dient als Klimaschirm, um die direkte Besonnung und eine damit verbundene Bauteil-Aufheizung zu verringern. Zugleich trägt die durchscheinende Holzlattung, die teilweise sogar vor den Fenstern verläuft, auch optisch zum luftigeren Erscheinungsbild des Hauses bei. Zusammen mit den unterschiedlich großen Öffnungen, die mal in der Fassadenebene sitzen, mal weit hinter sie zurücktreten, ergibt sich ein spannungsreiches Wechselspiel zwischen innen und außen, das dem schlichten Baukörper ein plastisches, fast skulpturales Aussehen verleiht.

Der Zugang befindet sich im Sockelgeschoss, direkt neben der Garage: Diese ist als eingeschobener Kubus in das Gebäude integriert, hebt sich jedoch mit ihrer dunklen Verkleidung aus großformatigen Fassadenplatten deutlich ab. Im Eingangsgeschoss haben die Kinder ihr eigenes Reich. Von ihren Zimmern können sie direkt auf die weitläufige Spielwiese im Garten gelangen – und bei Schlechtwetter das Gebäude über einen zweiten Eingang wieder betreten: Der Hauswirtschaftsraum dient, ähnlich wie die englischen „mudrooms", zugleich als Stiefelgang.

Ein Oberlicht erhellt die Treppe, die zur Wohnebene hinaufführt. Die obere Etage öffnet sich in alle Richtungen zur Landschaft und zur schönen Aussicht hin. Das Familienleben spielt sich vorwiegend auf der Südseite ab, wo dem Haus eine großzügige Holzterrasse mit Swimmingpool vorgelagert ist. Der Schlaftrakt der Eltern hingegen orientiert sich nach Norden. Die durchgängige Ausstattung des Hauses mit maßgefertigten Schleiflackmöbeln trägt zusammen mit den weiß getünchten Decken und Wänden sowie dem hellen Eichenholzparkett zur ruhigen und zugleich gemütlichen Wohnatmosphäre bei.

❙ Oben: Vor- und Rücksprünge in der Fassade gliedern den kompakten Baukörper und sorgen für ein spannungsreiches, plastisches Erscheinungsbild.

Das Sockelgeschoss ist durch den eingeschobenen Garagenkubus gegliedert, der mit großformatigen, dunklen Fassadenplatten verkleidet wurde.

❙ Unten: Das Haus liegt, umgeben von Gärten und Wiesen mit alten Bäumen, an einem Nordhang mit Blick auf Klosterneuburg. In Formensprache und Materialwahl bewusst schlicht gehalten, fügt sich der Baukörper harmonisch in die Landschaft ein.

im Hanggeschoss. Über die Deckenöffnung des zentralen Treppenhauses fällt zusätzlich Licht ins Innere.

Flurs mit einem Ausblick ins Grüne gekrönt.

artige Anlage mit einer umlaufenden Stützmauer in den ansteigenden Hang eingebettet. Ein Lamellenvorhang aus schmalen Lärchenholzleisten begrenzt das Holzdeck.

Überall im Haus werden die Ausblicke gekonnt inszeniert: Eine breite Panoramascheibe, deren Laibung sich nach außen hin trichterförmig verbreitert, wirkt wie ein Schaufenster zur Landschaft.

Gebäudedaten

Grundstücksgröße: 7 300 m²
Wohnfläche: ca. 200 m²
Zusätzliche Nutzfläche: 42 m²
Anzahl der Bewohner: 4
Bauweise: Mischbau, UG Massivbau (Beton, Ziegel), OG Holzelementbau
Baukosten: keine Angaben
Energiekonzept: Erdwärmepumpe mit Flächenkollektor, kontrollierte Wohnraumlüftung mit Wärmerückgewinnung, Kaminofen
Heizwärmebedarf: ca. 60 kWh/m²a
Fertigstellung: 2006

Küche und Essplatz gehen offen ineinander über und werden nur durch eine halbhohe, weiß lackierte Regalwand vom Treppenraum abgeteilt.

Der Kamin im Wohnraum sorgt in der Übergangszeit für behagliche Wärme. Schöne Aussichten auf die Stadt bieten sich von der Loggia im Norden.

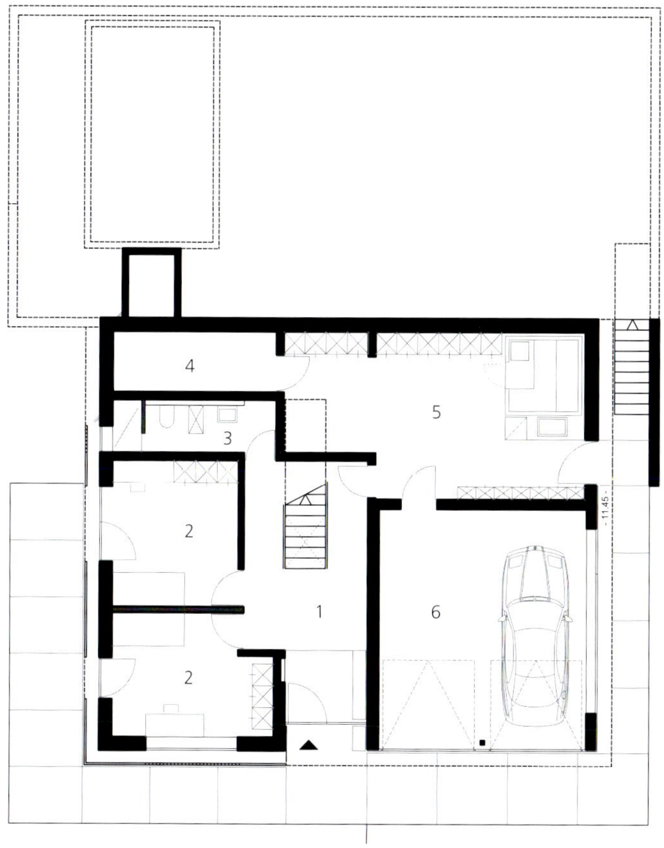

Hanggeschoss
M 1:200

1 Eingangsbereich/Flur
2 Kind
3 Dusche/WC
4 Technik
5 Keller/Hauswirtschaft
6 Garage

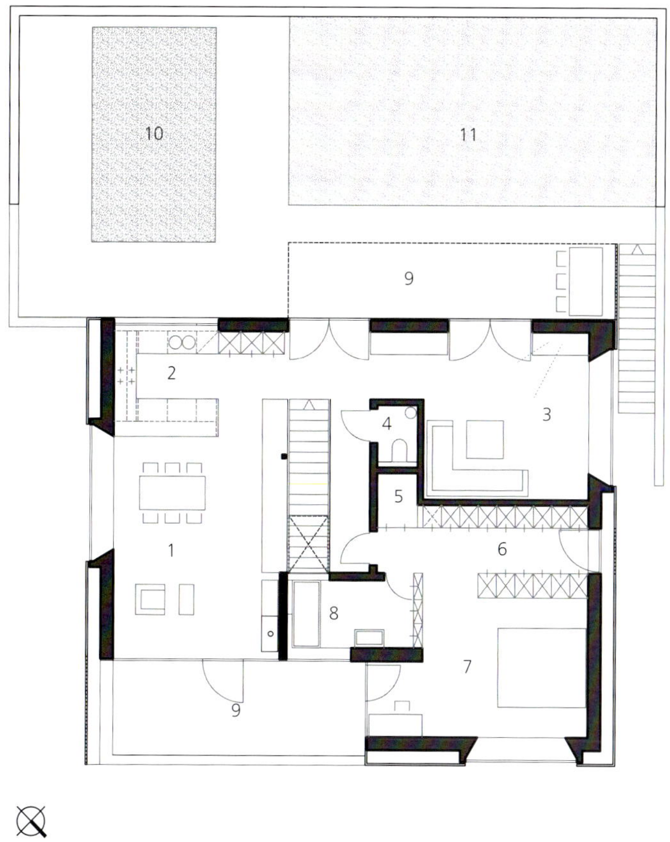

Erdgeschoss
M 1:200

1 Essen
2 Kochen
3 Wohnen
4 WC
5 Abstellraum
6 Ankleide
7 Schlafen
8 Bad
9 Terrasse
10 Pool
11 Wiese

Schnitt
M 1:200

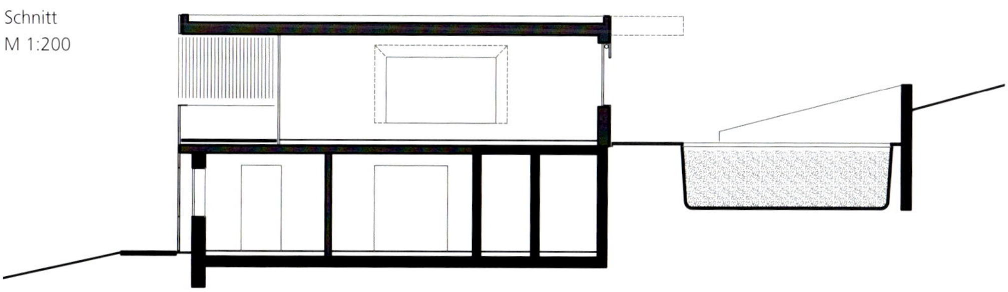

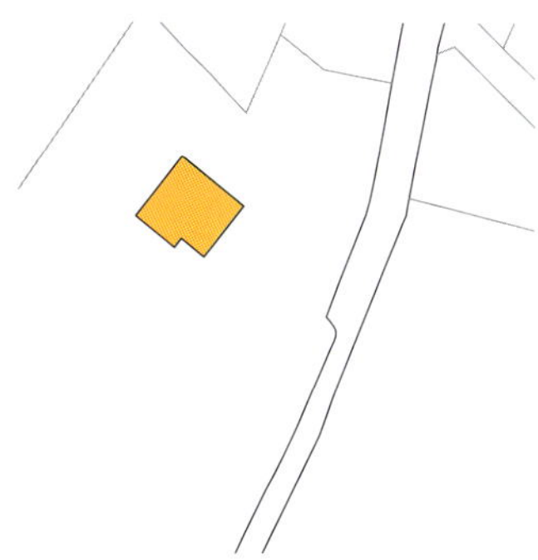

Lageplan

Michael Shamiyeh, Linz

Geliebtes Glashaus

Einpersonenhaus in Volkersdorf bei Enns

Ihr neues Haus sollte sich mit der umgebenden Natur verbinden und den Wechsel der Jahreszeiten direkt erlebbar machen: Die Bauherrin, eine alleinstehende ältere Dame und Kuratorin einer Galerie, hatte klare Vorstellungen, was ihr zukünftiges Domizil betraf – sie wünschte sich ein Gebäude von größtmöglicher Transparenz. Das Grundstück, ein weitläufiges Areal, das von dichtem Baumbestand umgeben ist und daher von den Nachbarn nicht eingesehen werden kann, bot hierfür beste Voraussetzungen.

Die Konzeption ihres Alterssitzes entwickelte sich für die Auftraggeberin, angeregt durch zahlreiche Diskussionen mit ihrem Architekten, zu einer intensiven Auseinandersetzung mit den Bauten Mies van der Rohes. Dabei ging es vor allem um die Frage: Wie kann ein Grundriss gestaltet sein, der sich seiner Umgebung konsequent öffnet und zugleich ausreichend Privatsphäre bietet? Eine Antwort darauf lieferte das berühmte Farnsworth House in Plano, Illinois: ein gläsern-transparenter Pavillon, dessen offener Grundriss durch Einbauten räumlich strukturiert wird.

Der Neubau orientiert sich an seinem berühmten Vorbild – und ist doch ganz anders. Er hat nichts von dessen starrer Perfektion und strenger Symmetrie: Ein spitzwinkliges, im Süden weit auskragendes Betondach beschirmt das Haus, das sich mit einer rundum laufenden, stützenfreien Glasfassade zur Natur hin orientiert. Das Innere fließt als offenes Raumkontinuum an zwei massiven Betonkörpern entlang, die wie Findlinge frei im Zentrum des Hauses platziert sind. Sie nehmen Kochzeile, Gästezimmer, Bad sowie weitere Nebenräume auf, sorgen für eine Zonierung der gläsernen Hülle und stellen zugleich die nötige Privatheit her. Alle Oberflächen sind in sandgestrahltem Sichtbeton gehalten, der Estrichboden wurde grau gespachtelt. Nur die Betonkörper erhielten in ihrem Innern eine pastellfarbene Epoxidharzbeschichtung. Auch das Lichtkonzept ist eng mit der Betonstruktur verknüpft: Nachts werden die großflächigen Nischen der Findlinge, die mit satinierten Glasscheiben geschlossen sind, zu diffusen Lichtquellen für die Wohnbereiche.

Von seinem historischen Vorbild unterscheidet sich der Neubau aber auch in anderer Hinsicht: Während bei Mies die Baukosten auf das Doppelte der anfangs veranschlagten Summe anstiegen, konnte das Haus in Volkersdorf mit einem erstaunlich niedrigen Budget von rund 1 350 Euro pro Quadratmeter errichtet werden. Und während Edith Farnsworth ihr Domizil immer wieder als „unbewohnbar" bezeichnet haben soll – und es später verkaufte –, lebt die Bauherrin nach wie vor mit großer Begeisterung in ihrem gläsernen Pavillon.

Mit Knicken in der Gebäudegeometrie und einer rundum laufenden, stützenlosen Glasfassade orientiert sich das Haus zu Garten und Landschaft hin.

Ein Haus mit Ecken und Kanten. Der gläsern-transparente Wohnpavillon gibt sich nur an der Zufahrtsseite relativ verschlossen: Das weit auskragende Vordach beschirmt den Stellplatz, eine Sichtbetonwand leitet zum Eingang.

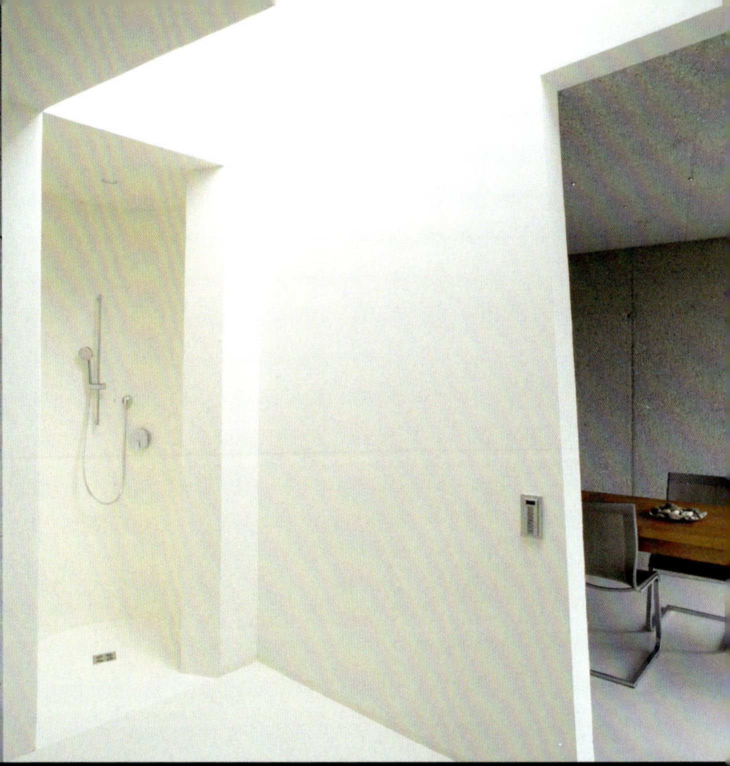

Der offene Raumfluss wird nur durch zwei massive Betonkörper zoniert, in denen sich die Nebenräume befinden. Die kleinen Nischen sind mit satinierten Glasscheiben geschlossen und werden nachts zu diffusen Lichtquellen.

Das Innere der Betonkörper ist mit pastellfarbenem Epoxidharz beschichtet. Durch eine Öffnung im Dach fällt Tageslicht ins Bad.

Sparsame Möblierung und ein puristisches Materialkonzept bestimmen den Raumeindruck: Wand- und Deckenoberflächen sind aus sandgestrahltem Sichtbeton, der Estrichboden erhielt eine graue Betonspachtelung.

Entlang der Glasfassade ergeben sich immer wieder interessante Perspektiven, die das Haus in seiner ganzen Dimension erlebbar machen.

Gebäudedaten

Grundstücksgröße:
ca. 1 200 m^2
Wohnfläche: 180 m^2
Zusätzliche Nutzfläche:
65 m^2
Anzahl der Bewohner: 1
Bauweise: Massivbau (Stahlbeton)
Baukosten je m^2 Wohn- und Nutzfläche: 1 347 Euro
Baukosten gesamt:
330 000 Euro
Energiekonzept: Niedrigenergiehaus (Ausführung in Passivhaus-Standard), kontrollierte Wohnraumlüftung, 3-Scheiben-Verglasung, Vakuumdämmung
Heizwärmebedarf:
41 kWh/m^2a
Fertigstellung: 2006

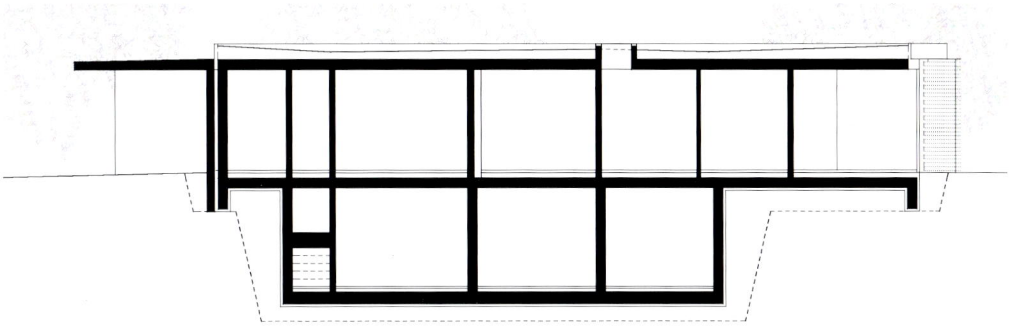

Schnitt M 1:200

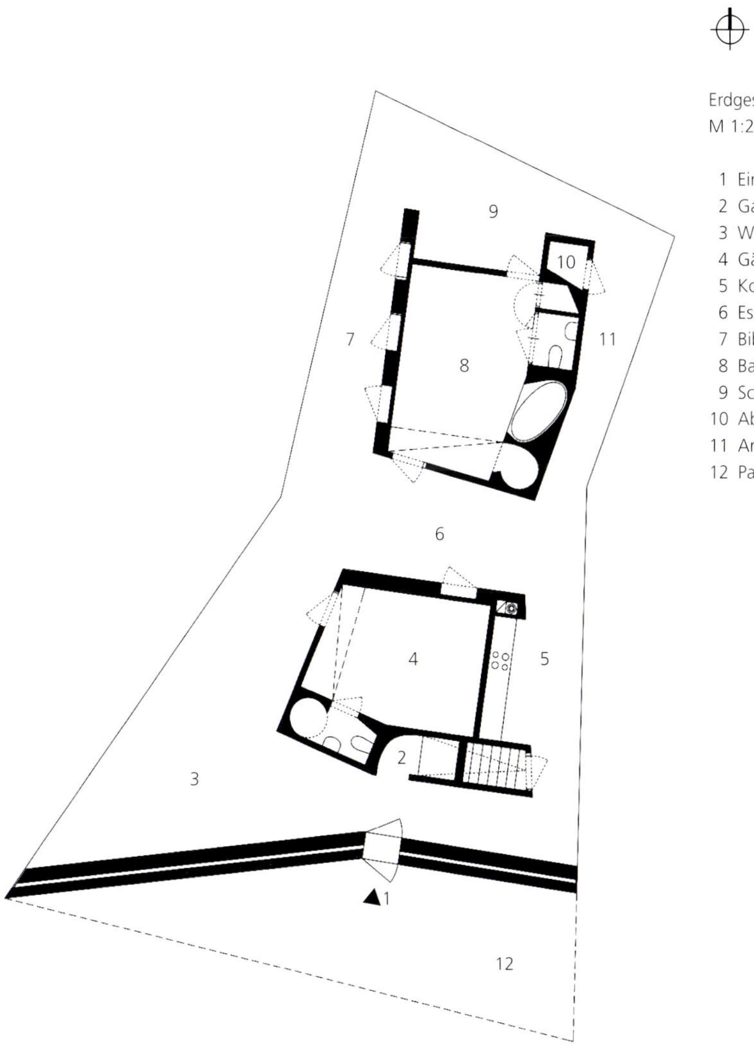

Erdgeschoss
M 1:200

1 Eingang
2 Garderobe
3 Wohnen
4 Gäste
5 Kochen
6 Essen
7 Bibliothek
8 Bad
9 Schlafen
10 Abstellraum
11 Arbeiten
12 Parken

Lageplan

Form-vollendet in Funktion

Einfamilienhaus in Gersfeld

Eine klare Linie verfolgten die beiden Architektinnen Alexandra und Marion Bub beim Bau dieses Einfamilienhauses in der Rhön: Sie gliederten das Erdgeschoss mit einer durchgängig von Ost nach West verlaufenden Schrankwand. Das multifunktionale Einbaumöbel spielt nicht nur statisch eine tragende Rolle – es sorgt auch für die Aufteilung des Grundrisses in eine Nebenraumzone im Norden und einen offenen Wohnbereich mit angegliedertem Schlafraum im Süden. Je nach Lage übernimmt die Einbauwand dabei unterschiedliche Aufgaben: Sie dient als Kleiderschrank im Schlafzimmer, Vitrine zwischen Küche und Essplatz sowie Sitz- und Regalnische im Wohnraum. Auf der westlichen Gebäudeseite wird sie sogar im Außenbereich – als Abstellbox für Mülltonnen – fortgeführt.

Im Wohnbereich fällt noch ein weiteres gestalterisches Element ins Auge: Eine massive Raumskulptur erwächst aus einem gemauerten Podest entlang der Schrankwand. Sie entwickelt sich, über Eck laufend, zu einem plastisch ausgeformten Kamin, der zugleich als Raumteiler dient. Auch hier ist alles gut durchdacht: Das Brennholzlager ist in eine seitliche Nische integriert, sodass die ruhige Putzoberfläche der Kaminwand bei Bedarf zur Projektionsfläche für den Beamer werden kann. Das Podest wiederum eignet sich als Sitzbank ebenso gut wie als Ablagefläche. Einfach praktisch ist auch die deckenhohe Wandscheibe im Schlafzimmer, in der sich zusätzlicher Stauraum sowie ein Regalfach mit integrierter Lesebeleuchtung befinden. So waren zusätzliche Möbel weitgehend überflüssig, was den Eindruck eines großzügigen, fließenden Raumkontinuums unterstützt. Das klare Konzept wird mit den durchgängig in Längsachse verlegten, weiß gelaugten Eichenholzdielen ebenfalls betont. Auf der Südseite schließt sich schwellenlos eine Terrassenplattform an, die den Wohnbereich auch optisch ins Freie erweitert.

Minimalistisch gestaltet wurde auch das Wellnessbad mit angegliederter Sauna im Kellergeschoss: Es ist Nassraum und Ruhezone zugleich und wird durch frei stehende, profillose Scheiben aus geätztem Glas gegliedert, die als Sicht- und Spritzschutz dienen. Der Ruhebereich ist deckenhoch zu einem kleinen introvertierten Hof hin verglast: Draußen liegt ein sichtgeschützter Außenraum, der von einer mächtigen Gabionenwand aus Lavagesteinsbrocken umschlossen wird.

Um Zeit und Kosten zu sparen, wurde das Haus in Holzsystembauweise errichtet, Wände und Dach sind hoch wärmegedämmt. Das Gebäude ist mit einer Luftwärmepumpe ausgestattet, eine kontrollierte Be- und Entlüftungsanlage mit Wärmerückgewinnung sorgt zudem für ein angenehmes, konstantes Raumklima.

I Oberhalb eines Südhangs thront dieses kleine Einfamilienhaus: Der lang gestreckte Baukörper nutzt die gesamte Breite des Grundstücks, um sich mit allen Wohnräumen zum Garten und zur Sonne hin orientieren zu können.

Eine durchlaufende, multifunktionale Schrankwand gliedert das offene Erdgeschoss über seine gesamte Länge. Aus dem über Eck laufenden, gemauerten Sitzpodest entwickelt sich der Kamin.

Der Ess- und Wohnbereich entlang der Südfassade ist als fließendes Raumkontinuum konzipiert. Die durchgängig verlegten Eichenholzdielen fassen ihn auch optisch zu einer Einheit zusammen.

Die Treppe führt direkt vom Wohnraum in den Wellnessbereich im Untergeschoss. Eine Glasbrüstung sorgt für Blicktransparenz.

Über den abgesenkten, sichtgeschützten Innenhof wird auch das Wellnessbad mit Tageslicht versorgt. Eine Wand aus aufgeschichtetem Lavagestein dient als Stützmauer.

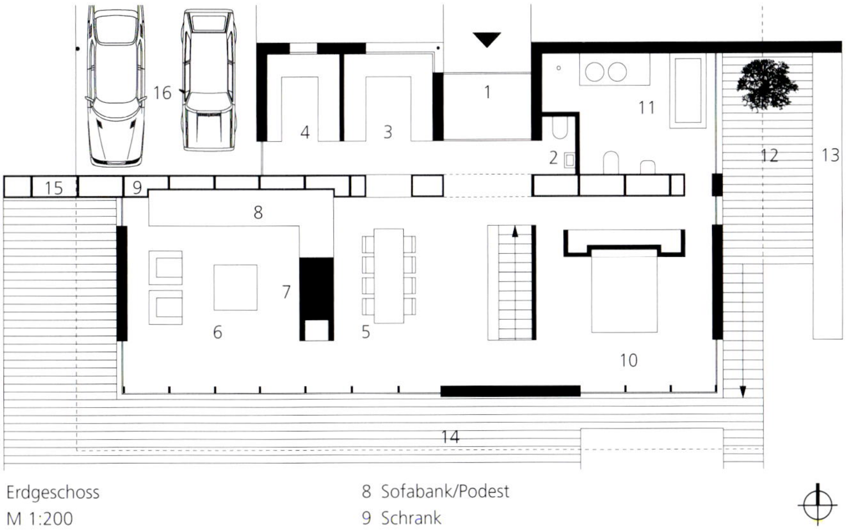

Erdgeschoss
M 1:200

1 Windfang
2 Gäste-WC
3 Kochen
4 Abstellraum
5 Essen
6 Wohnen
7 Kamin
8 Sofabank/Podest
9 Schrank
10 Schlafen
11 Bad
12 Wellnesshof
13 Gabionenwand
14 Holzdeck
15 Müll
16 Parken

Gebäudedaten

Grundstücksgröße: 880 m²
Wohnfläche: 168 m²
Zusätzliche Nutzfläche: 38 m²
Anzahl der Bewohner: 2
Bauweise: Holzsystembau auf massivem Kellergeschoss
Baukosten: keine Angaben
Energiekonzept: Luftwärmepumpe, kontrollierte Wohnraumlüftung mit Wärmerückgewinnung
Heizwärmebedarf: 65 kWh/m²a
Primärenergiebedarf: 82 kWh/m²a
Fertigstellung: 2005

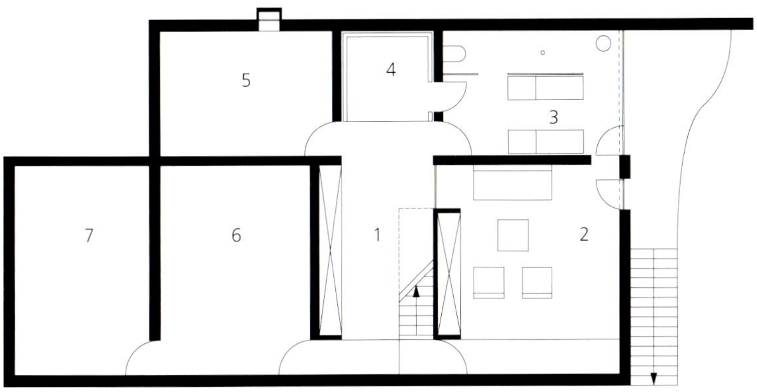

Untergeschoss
M 1:200

1 Flur
2 Fernsehen/Arbeiten/Gäste
3 Wellnessbad/Ruheraum
4 Sauna
5 Technik/Waschraum
6 Keller
7 Weinkeller

Schnitt
M 1:200

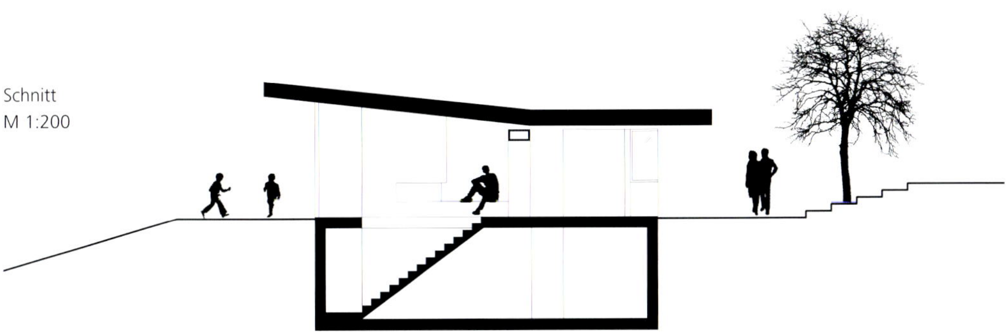

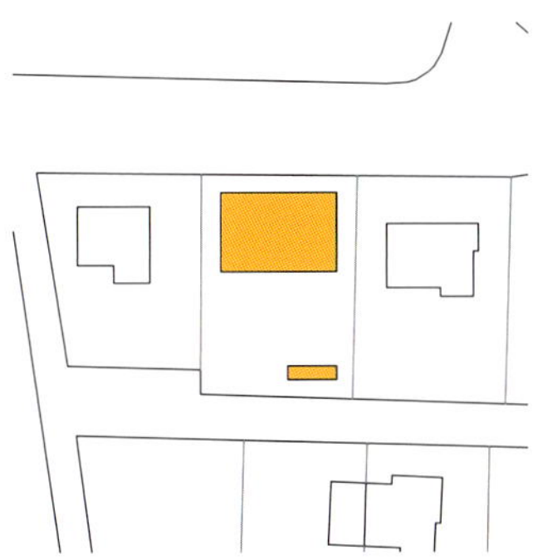

Lageplan

Ein Haus für alle Fälle

Umbau eines Einfamilienhauses in Leingarten

An einem Südhang oberhalb Leingartens, mit Blick Richtung Heuchelberg und Zabergäu, befand sich das Elternhaus des Bauherrn. Das schlichte, jedoch recht solide Gebäude stammte aus dem Jahr 1972 und hatte ein wuchtiges Satteldach, das – ganz dem damaligen Zeitgeschmack entsprechend – mit dunklen Zementschindeln bekleidet war. Nach dem Wegzug der Eltern hatte der Sohn das Familiendomizil übernommen und beschloss, den renovierungsbedürftigen Altbau neu zu organisieren: Es sollte ein Mehrgenerationenhaus mit drei Wohneinheiten entstehen, die sowohl unabhängig voneinander als auch zusammenhängend genutzt werden könnten.

Im Lauf des Umbaus wurde das Haus nicht nur in seinem Innern radikal verändert, es erhielt auch ein völlig neues Aussehen: Das Satteldach wurde abgetragen und das Gebäude mit einer vorgefertigten Holzrahmenkonstruktion um eine weitere Ebene aufgestockt. Drei aufeinander geschichtete Kuben mit präzise gesetzten, großformatigen Öffnungen sorgen für ein zeitgemäßes Erscheinungsbild. Die Nahtstellen zwischen Alt und Neu sind hinter der einheitlich weißen Putzfassade verschwunden.

Im Hanggeschoss wurde das Gelände abgegraben, sodass eine helle, großzügige Einliegerwohnung mit drei Zimmern und eigenem Freisitz entstanden ist. Das Erdgeschoss wurde an der Südwestseite entkernt: Der ehemalige überdachte Sitzplatz ist nun mit einer Übereck-Verglasung in den neu gestalteten Wohnraum miteinbezogen, eine vorgelagerte Holzplattform verbindet ihn mit dem weitläufigen Garten. Die besten Aussichten ins Grüne bieten sich jedoch von der obersten Etage, wo der Blick über die Dachterrasse hinweg in die Landschaft schweifen kann.

Die drei Wohnebenen lassen sich, dem Wunsch des Bauherrn entsprechend, unabhängig voneinander erschließen: Zu diesem Zweck fügten die Architekten an der Ostseite, zwischen Garage und Wohntrakt, ein neues Treppenhaus ein. Damit bietet das Gebäude seinen jetzigen und zukünftigen Bewohnern ein Höchstmaß an Flexibilität, um sich Veränderungen in der Familienstruktur oder Lebenssituation anzupassen: Zurzeit ist das Einliegerapartment extern vermietet, Erd- und Obergeschoss werden von der wachsenden Familie als zusammenhängende Wohnung genutzt. Sollte diese eines Tages mehr Platz benötigen, stehen alle drei Etagen zur Verfügung und umgekehrt: Das Dachgeschoss, in dem sich derzeit die Schlafräume befinden, kann gegebenenfalls auch als separate Einheit genutzt werden – für die erwachsenen Kinder, für Pflegepersonal oder Mieter. Es wurden alle notwendigen Anschlüsse und statischen Vorkehrungen berücksichtigt, um auch diese Ebene später ohne großen Aufwand zu einer voll funktionsfähigen Wohnung umzurüsten.

I Ein konventionelles Haus aus den 1970er-Jahren ist nach seinem Umbau nicht wiederzuerkennen: Das Satteldach wurde entfernt und das Gebäude um ein Terrassengeschoss aufgestockt. Mit drei unabhängig voneinander erschlossenen Etagen bietet es nun die besten Voraussetzungen für Mehrgenerationenwohnen.

I Blick auf die Nordseite: Die kubische Form mit heller Putzfassade und präzise gesetzten Öffnungen verleiht dem Haus ein völlig neues, zeitgemäßes Aussehen.

Im Westen erweitert eine hölzerne Terrassenplattform den Wohnbereich ins Freie. Eine großzügige Übereck-Verglasung ermöglicht vielfältige Blickbeziehungen in den weitläufigen Garten.

Der ehemalige Freisitz wurde in das Gebäude integriert, sodass der Wohnbereich im Erdgeschoss an Fläche gewonnen hat. Der dunkle Schieferboden stammt noch aus der Erbauungszeit und musste nur teilweise ergänzt werden.

Auch der Eingangsbereich wurde umgestaltet: Zwischen Garage und Haus ist ein neues Treppenhaus eingefügt, das die separate Erschließung aller drei Wohnebenen gewährleistet.

Küche und Essplatz gehen nun offen ineinander über, sodass ganz neue Raumqualitäten entstehen.

I Die Nordwestseite vor dem Umbau: Das dunkle, mit Zementschindeln gedeckte Satteldach prägte das Erscheinungsbild des Hauses aus dem Jahr 1972.

Gebäudedaten

Grundstücksgröße: 1590 m²
Wohnfläche: 378 m²
Zusätzliche Nutzfläche: 110 m²
Anzahl der Bewohner: 4 + 2 (Einliegerwohnung)
Bauweise: Massivbau, Dachgeschoss in Holzrahmenbau
Baukosten je m² Wohn- und Nutzfläche: 988 Euro
Baukosten gesamt: 482 000 Euro
Energiekonzept: Gasbrennwertheizung, kontrollierte Wohnraumlüftung mit Wärmerückgewinnung
Heizwärmebedarf: 66 kWh/m²a
Primärenergiebedarf: 103 kWh/m²a
Baujahr Bestand: 1972
Fertigstellung Umbau: 2006

I Großflächige Verglasungen sorgen für eine optimale Belichtung des Treppenhauses.

I Blick in die Eingangshalle: Eine bequeme Eichenholztreppe führt zu den Räumen in der Dachetage.

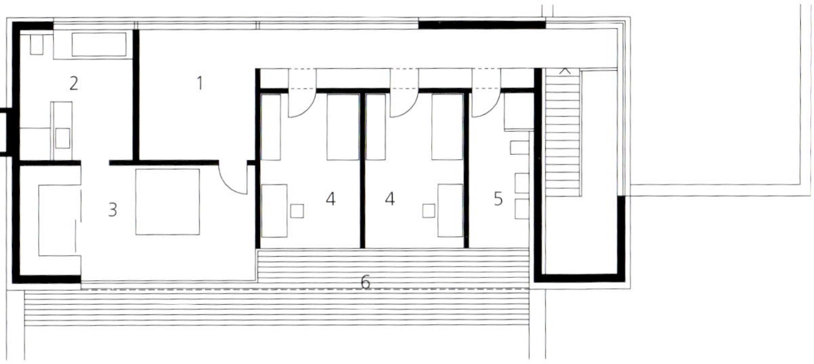

Obergeschoss
M 1:250

1 Flur/Spielen
2 Elternbad
3 Schlafen/Ankleide Eltern
4 Kind
5 Kinderbad
6 Dachterrasse

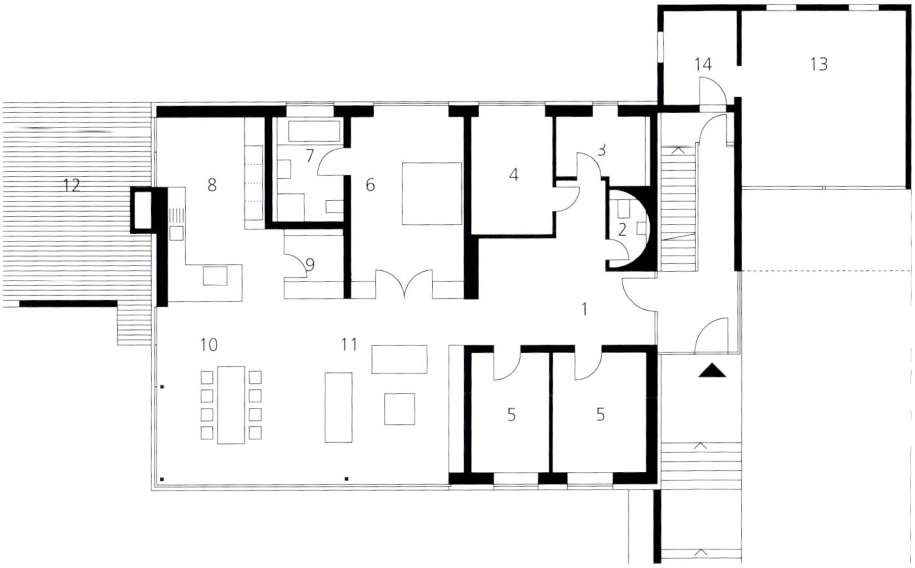

Erdgeschoss
M 1:250

1 Diele
2 Gäste-WC
3 Hauswirtschaft
4 Fitness
5 Arbeiten
6 Gäste
7 Gästebad
8 Kochen
9 Abstellraum
10 Essen
11 Wohnen
12 Terrasse
13 Doppelgarage
14 Abstellraum/Müll

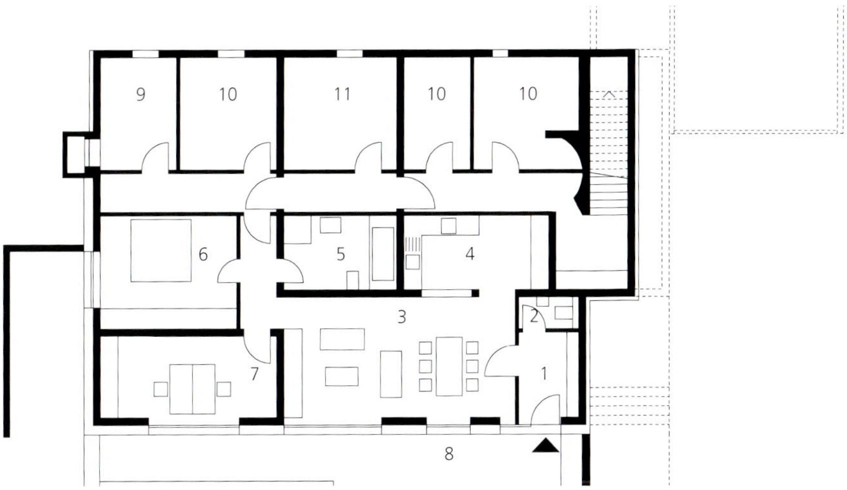

Hanggeschoss
M 1:250

1 Eingang Einliegerwohnung
2 WC
3 Wohnen/Essen
4 Küche
5 Bad
6 Schlafen
7 Arbeiten
8 Terrasse Einliegerwohnung
9 Technik
10 Keller
11 Weinkeller

Lageplan

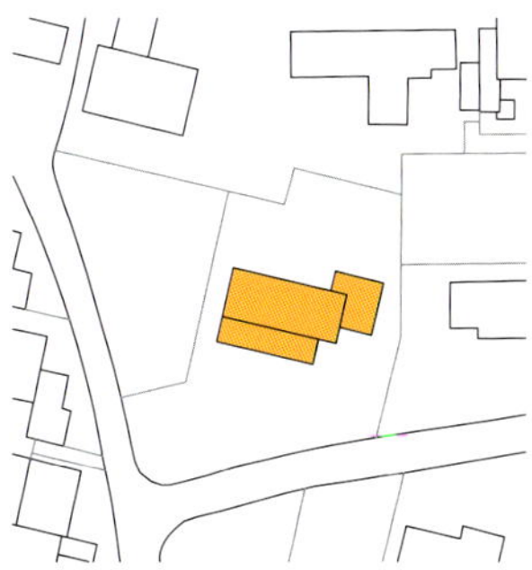

Im Kirsch-garten

Einfamilienhaus in Lilling

Am Ortsrand von Lilling, einem kleinen Dorf in der Fränkischen Schweiz, entstand dieses Hausensemble. Die Gegend gehört seit jeher zu Europas größtem Anbaugebiet für Süßkirschen – und auch das knapp 2 000 Quadratmeter umfassende Grundstück war und ist ein Kirschgarten. Dementsprechend landwirtschaftlich geprägt zeigt sich die intakte Bebauungsstruktur des Orts: Schlichte Wohn- und Wirtschaftsgebäude mit steil geneigten Satteldächern formieren sich zu kleineren und größeren Gruppen.

Um das Bauvolumen der Maßstäblichkeit des Orts anzupassen, griff der Architekt das regionaltypische Motiv des Dreiseithofs wieder auf: Er verteilte das Raumprogramm auf mehrere Baukörper, die sich um einen kleinen Hof gruppieren, in dessen Mitte ein alter Kirschbaum steht. Im Norden wird die Anlage von einer Gabionenmauer begrenzt. Wohn- und Schlafgebäude bilden zusammen mit der Remise, in der die Garage untergebracht ist, drei getrennte Funktionsbereiche. Auch in der Materialwahl werden die beiden Haupthäuser und das Nebengebäude differenziert: Während Wohn- und Schlaftrakt mit dunklen, großformatigen Fassadentafeln verkleidet sind, erhielt die Garage eine Schalung aus horizontalen Lärchenholzleisten.

Die beiden Haupthäuser stehen sich rechtwinklig gegenüber und werden über einen flach gedeckten, massiven Beton-Windfang, der zwischen Trauf- und Giebelseite eingeschoben ist, miteinander verbunden. Im Wohntrakt auf der nördlichen Seite ist die Kubatur über die gesamte Länge und Höhe des Hauses bis unter den Dachfirst erlebbar: Das Gebäude wird zur raumübergreifenden Hülle, in der sich die Funktionen Kochen, Essen, Wohnen und Arbeiten vereinen. Der Loungebereich, der als Galerieebene eingezogen ist, scheint in diesem Volumen fast zu schweben. Voll verglaste Stirnseiten geben den Blick auf den Hof und den umliegenden Kirschgarten frei. Als Sicht- und Sonnenschutz dient eine Konstruktion aus Stahllamellen, die an beiden Außenseiten vor die Fassade gestellt wurde. Die Räume des Schlafhauses hingegen verteilen sich über zwei Geschosse: In der Eingangsebene bilden Ankleide, Schlaf- und Wellnessbereich eine offene Raumfolge. In der oberen Etage wird das mittig liegende Duschbad von zwei weiteren Zimmern flankiert, die beide jeweils über die Giebelseiten belichtet werden und ebenfalls von der schönen Aussicht in die freie Landschaft profitieren.

Die neuen Gebäude wahren den kleinteiligen dörflichen Maßstab und integrieren sich damit in vorbildlicher Weise in ihr ländliches Umfeld. Zugleich liefern die unprätentiös gestalteten Häuser mit ihrer klaren Formensprache, den modernen, schlichten Materialien sowie den reduzierten Details auch eine zeitgemäße Neuinterpretation der traditionellen fränkischen Bauform.

Das kleine Gebäudeensemble orientiert sich in Dachform, Kubatur und Maßstäblichkeit an der umliegenden ländlichen Bebauung und greift das regionaltypische Motiv des Dreiseithofs mit zeitgemäßen Mitteln wieder auf.

Die dunklen Oberflächen der Häuser kontrastieren mit den lebendigen Strukturen der umstehenden Bäume. Kirschrote Fassadenelemente sorgen für kräftige Farbakzente.

I In der Materialwahl werden die Baukörper auch nach außen hin differenziert: Während Wohn- und Schlaftrakt mit dunklen Fassadentafeln verkleidet sind, erhielt das Nebengebäude eine Lärchenholzschalung. Eine Gabionenwand begrenzt die Anlage im Norden.

I Schlaf- und Wellnessbereich bilden eine offene Raumfolge und lassen sich bei Bedarf durch Schiebetüren voneinander abteilen. Auch von der Wanne aus hat man den Garten stets im Blick.

I Das Wohnhaus ist als offenes Raumkontinuum gestaltet, in dem die Galerieebene fast zu schweben scheint: Die über Kreuz liegenden Verstrebungen der Stahlkonstruktion geben der Lounge in der oberen Etage den nötigen statischen Halt.

I Durch die verglasten Giebelseiten sowie ein Dachfenster wird die Lounge mit Licht geflutet. Glasbrüstungen sorgen für Transparenz.

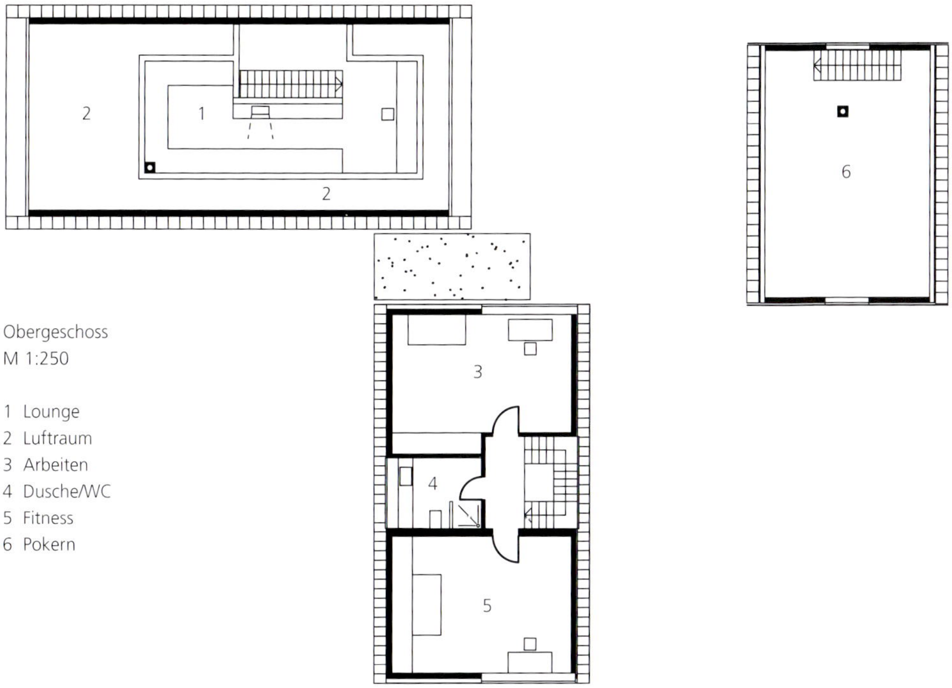

Obergeschoss
M 1:250

1 Lounge
2 Luftraum
3 Arbeiten
4 Dusche/WC
5 Fitness
6 Pokern

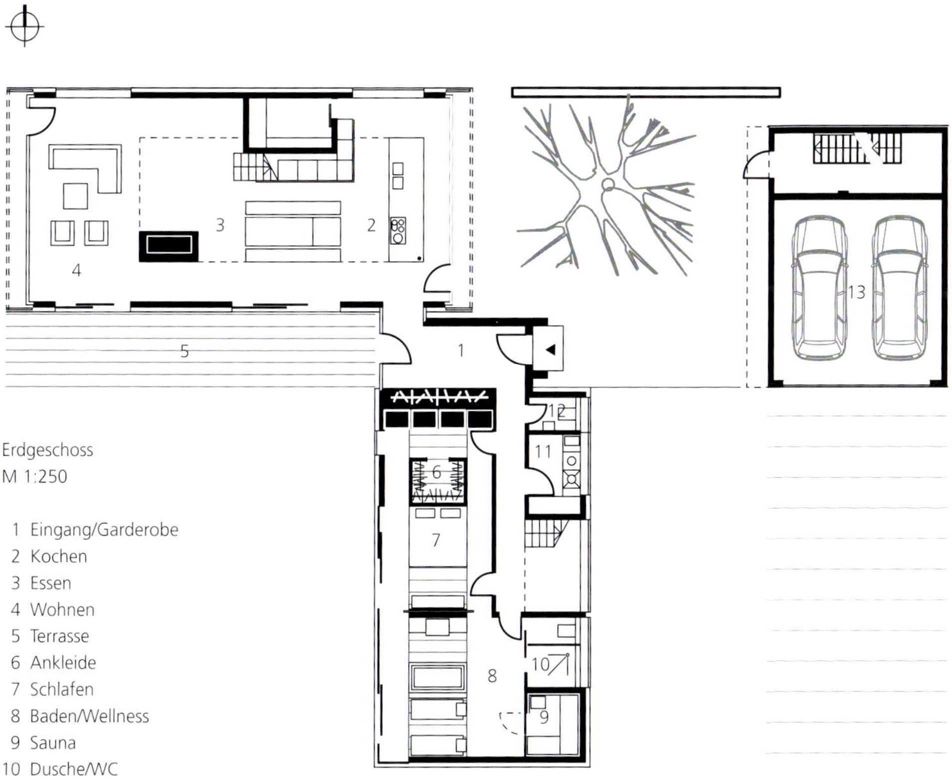

Erdgeschoss
M 1:250

1 Eingang/Garderobe
2 Kochen
3 Essen
4 Wohnen
5 Terrasse
6 Ankleide
7 Schlafen
8 Baden/Wellness
9 Sauna
10 Dusche/WC
11 Hauswirtschaft
12 Gäste-WC
13 Garage

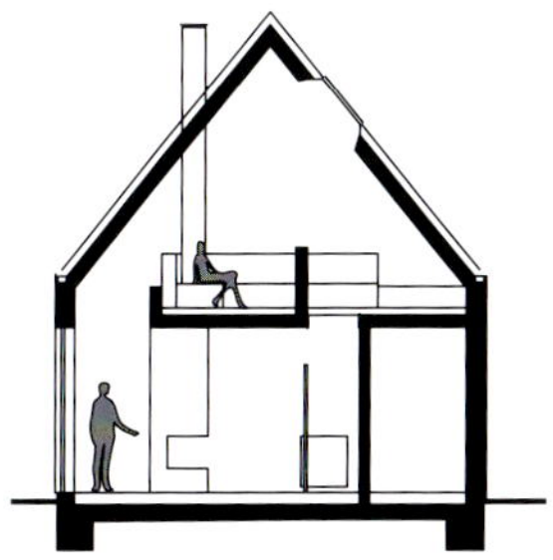

Schnitt
M 1:250

Gebäudedaten

Grundstücksgröße:
ca. 2 000 m²
Wohnfläche: 218 m²
Zusätzliche Nutzfläche:
149 m²
Anzahl der Bewohner: 2
Bauweise: Massivbau, Dachstuhl in Holztafelbauweise als Fertigteile
Baukosten: keine Angaben
Energiekonzept: Pelletheizung
Heizwärmebedarf:
60 kWh/m²a
Primärenergiebedarf:
95 kWh/m²a
Fertigstellung: 2006

Lageplan

Klare Verhältnisse

Einfamilienhaus in Ahrensburg

Die Lage könnte kaum besser sein: eine ruhige, von Alleebäumen gesäumte Straße in einem gewachsenen Wohngebiet. Das einzige Manko des schönen Grundstücks in Ahrensburg, einer kleinen Stadt vor den Toren Hamburgs, ist seine Orientierung: Die Erschließung erfolgt von Süden, der Garten ist nach Norden ausgerichtet. Bei der Planung des neuen Domizils einer fünfköpfigen Familie galt es daher, diese ungünstige Situation möglichst geschickt zu kompensieren. Darüber hinaus sollte das Haus auch auf lange Sicht ein hohes Maß an Flexibilität bieten: Die Bauherren wünschten sich möglichst viele gleich große, hierarchiefreie Räume, die je nach Bedarf unterschiedlich belegt werden können.

Die Architekten entwarfen einen schlichten weißen Kubus, dessen Grundriss-Symmetrie auf einer ebenso einfachen wie klaren Anordnung basiert: Zentrum des Hauses und Mittelpunkt des Familienlebens bildet die großzügige Wohnküche mit Essplatz im Erdgeschoss, die sich zum Garten hin orientiert. Sie öffnet sich in einen zweigeschossigen Luftraum, der an seiner Nordseite komplett verglast ist. Ein großzügiges Oberlicht in der Dachfläche fängt die Sonnenstrahlen ein und erhellt den Raum zudem auch von oben. Wesentlich intimer wirkt das Wohnzimmer, das unmittelbar an die Halle angrenzt und der Familie als separater Rückzugsbereich dient. Direkt neben dem Windfang sind Gästezimmer und Duschbad untergebracht: Die Lage in Eingangsnähe bietet auch auf lange Sicht Vorteile – sei es als Unterkunft für ein Au-pair-Mädchen, sturmfreie Bude für einen Heranwachsenden oder später als ebenerdiger Schlafbereich für ein älteres Familienmitglied.

Auch im Obergeschoss herrscht Pragmatismus vor: Fünf annähernd gleich große Räume gruppieren sich um das mittig liegende Treppenhaus, dessen galerieartiger Erschließungsflur Sichtkontakt in die untere Ebene hält. Durch die streng symmetrische Anordnung wurde die Verkehrsfläche auf ein Minimum reduziert. Sanitärräume und Ankleidebereich sind den Zimmern unmittelbar zugeordnet. Da es im Gegensatz zu konventionellen Grundrisstypologien so gut wie keine Größenunterschiede zwischen Eltern-, Kinder- oder Arbeitszimmer gibt, können Belegung und Nutzung je nach Bedarf variieren.

Dem konsequent klaren Aufbau des Hauses entspricht auch das reduzierte Material- und Farbkonzept. Besonderen Wert wurde dabei auf Robustheit und Dauerhaftigkeit gelegt: Die Putzflächen der Decken und Wände sind alle weiß gestrichen, der Fußboden im Erdgeschoss erhielt eine durchgängige Beschichtung aus Pandomo – einem widerstandsfähigen Belag auf Zementbasis –, die Treppe ins Obergeschoss wurde in Sichtbeton gegossen.

Als schlichter, kubischer Baukörper präsentiert sich dieses Einfamilienhaus: Über Eck laufende Verglasungen und dunkle Lamellen-Verkleidungen aus Mahagoniholz unterbrechen die strenge Form und lassen ein abwechslungsreiches Fassadenbild entstehen.

Glasfronten sorgen auch auf der Gartenseite im Norden für eine optimale Belichtung der angrenzenden Räume und holen das Grün ins Haus.

❙ Die großzügige Wohnküche im Erdgeschoss bildet das kommunikative Zentrum des Hauses. Die zweigeschossig verglas-

❙ Ein galerieartiger Flur erschließt die Zimmer der Kinder und Eltern in der oberen Etage. Der Luftraum ermöglicht den

❙ Es kamen vorwiegend schlichte, aber robuste Materialien zum Einsatz: Die Treppe ist aus Sichtbeton, der Fußboden aus

❙ Eine Übereck-Verglasung mit Fenstertür lässt das Kinderzimmer optisch größer wirken.

Obergeschoss
M 1:200

1 Galerie
2 Arbeiten
3 Kind
4 Bad
5 Luftraum
6 Schlafen
7 Ankleide
8 WC

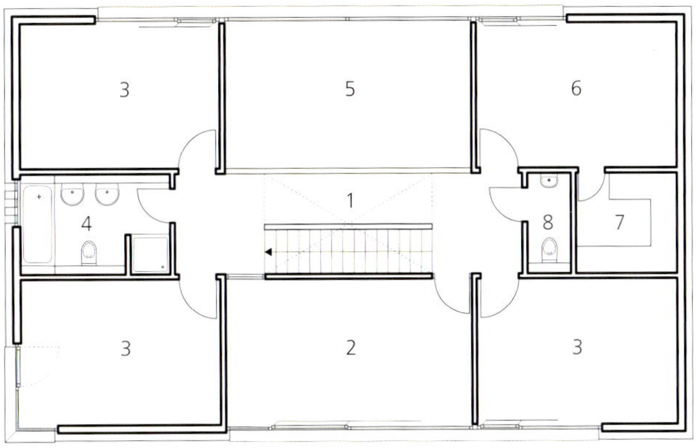

Gebäudedaten

Grundstücksgröße: 1223 m²
Wohnfläche: 223 m²
Zusätzliche Nutzfläche: 60 m²
Anzahl der Bewohner: 5
Bauweise: Massivbau (Kalksandstein)
Baukosten je m² Wohn- und Nutzfläche: 1368 Euro
Baukosten gesamt: 387 000 Euro
Energiekonzept: Gasbrennwertheizung
Heizwärmebedarf: 59 kWh/m²a
Primärenergiebedarf: 91 kWh/m²a
Fertigstellung: 2007

Erdgeschoss
M 1:200

1 Windfang
2 Gast
3 Wohnen
4 Essen
5 Kochen
6 Hauswirtschaft
7 Abstellraum
8 Dusche/WC Gast

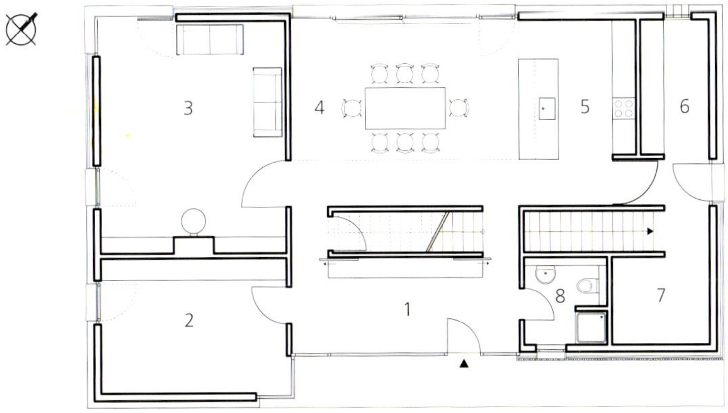

Schnitt
M 1:200

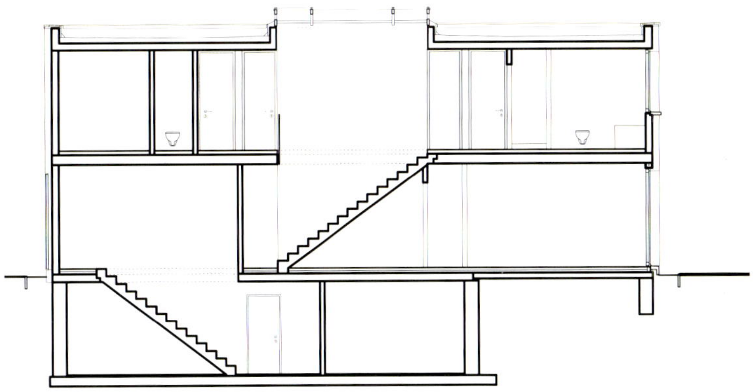

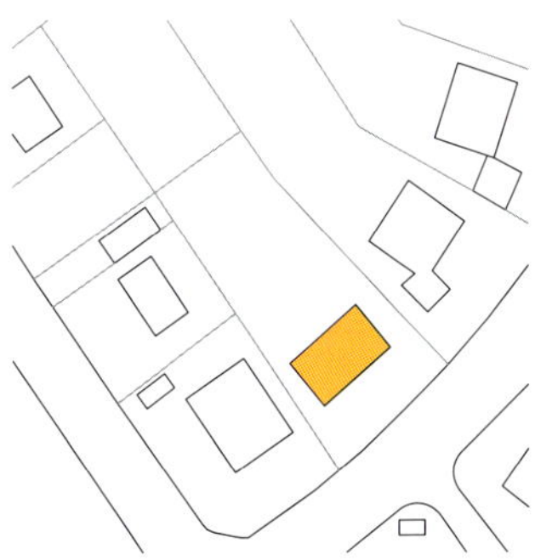

Lageplan

Arbeitsgemeinschaft Bernardo Bader + Rene Bechter
Bernardo Bader, Architekt DI
Steinebach 11
A-6850 Dornbirn
www.bernardobader.com
Rene Bechter, Architekt DI
Am Brand 8
A-6900 Bregenz
http://rene.bechter.is/architect
Seite 112
Fotos: Eduard Hueber, New York, www.archphoto.com

Christian Bauer & Associés Architectes
107, Rue de Hollerich
L-1741 Luxemburg
www.cba.lu
Seite 58
Mitarbeit: Michael Feisthauer (Juniorpartner)
Fotos: Lioba Schneider, Köln

Baurmann.Dürr Architekten
Hirschstraße 53
D-76133 Karlsruhe
www.bdarchitekten.eu, www.archipool.de
Seite 38
Projektarchitekten: Henning M. Baurmann, Susanne Dürr
Mitarbeit: Joachim Hakenjos, Alexander Huhle, Julia Petzold,
Susanne Bauer
Fotos Seite 39–43: Zooey Braun, Stuttgart;
Foto Seite 44: Andreas Keller, Altdorf

Architektur | Hansulrich Benz
Dipl.-Ing. Freier Architekt BDA
Ölmühle
D-71287 Weissach
www.hansulrichbenz.de
Seite 26
Mitarbeit: Christian Irps, Jürgen Kroner
Statik: Wilhelm Schmid, Schopfloch
Fotos: Victor S. Brigola, Berlin

Biehler Weith Associated
Building Design Projects
Christoph Biehler, Ralf Heinz Weith
Freie Architekten BDA
Rheingasse 16
D-78462 Konstanz
www.biehler-weith.de
Seite 78
Mitarbeit: Markus Doleschal (Planung),
Reiner Krautmann (Bauleitung)
Fotos: Brigida Gonzalez, Stuttgart

BUB architekten BDA
Alexandra und Marion Bub
Alte Landschule – Rodholz 13
D-36163 Poppenhausen
Liebigstraße 33
D-64293 Darmstadt
Steindamm 97
D-20099 Hamburg
www.bub-architekten.de
Seite 90 und Seite 138
Fotos Seite 91–93: BUB architekten;
Fotos Seite 139, 140: Robertino Nikolic, Wiesbaden

Bürling Architekten
Dipl.-Ing. Eckhard Bürling
Freier Architekt BDA
Lenzhalde 47
D-70192 Stuttgart
www.buerling-architekten.de
Seite 52
Mitarbeit: Dipl.-Ing. Dirk Conrad (Projektleitung)
Fotos: Victor S. Brigola, Berlin

deffner voitländer architekten
Prof. Dorothea Voitländer
Prof. Konrad Deffner
Gottesackerstraße 21
D-85221 Dachau
www.dv-arc.de
Seite 32
Mitarbeit: Stefan Bohnengel, Julia Hertel, Florian Zeitzler, Kersten Waltz
Fotos: Judith Buss, München

FAR frohn&rojas LTDA.
M. Arch. (USA) Marc Frohn, Architekt
Dipl.-Ing. (Arch.) Mario Rojas Toledo
Venloer Straße 601–603, Apt. A903
D-50827 Köln
www.f-a-r.net
Seite 122
Mitarbeit: Amy Thoner, Pablo Guzman, Isabel Zapata
Fotos: Cristobal Palma
www.cristobalpalma.com

Fuchs, Wacker.
Stephan Fuchs, Thomas Wacker
Architekten BDA
Am Westkai 9a
D-70327 Stuttgart
www.fuchswacker.de
Seite 102
Fotos: Johannes Vogt, Mannheim

Markus Gentner
att architekten
Bauerngasse 12
D-90443 Nürnberg
www.markus-gentner-architekt.de
Seite 148
Mitarbeit: Daniel Votteler
Fotos: Stefan Meyer, Berlin

iapisinarchitekten
Generalplaner GmbH
Cemal Isin
Stuttgarter Straße 112
D-73430 Aalen
www.isin.de
Seite 74
Mitarbeit: Volker Gunst (Ausführung)
Fotos: iapisinarchitekten, Aalen

Ingarden & Ewý Architekci
Krzysztof Ingarden, Jacek Ewý
Grabowskiego 5/3
PL-31-126 Kraków
www.ingarden-ewy.com.pl
Seite 118
Mitarbeit: Jacek Dubiel, Bartosz Haduch, Krzysztof Stepniak, Sebastian Machaj;
Innenarchitektur: Ingarden & Ewý mit Aleksandra Wołczyk
Fotos Seite 119, 120 o.l., 120 o.r.: Bartosz Haduch, Krakau;
Fotos Seite 120 u., 121: Justyna Kossowicz, Krakau

Johannes Kaufmann Architektur
Sägerstraße 4
A-6850 Dornbirn
www.jkarch.at
Seite 128
Mitarbeit: DI (FH) Dark Schick
Fotos Seite 129, 131 o.: Bruno Klomfar, Wien;
Fotos Seite 130, 131 u., 132: Christian Burmester, Scheessel

kehrbaumarchitekten BDA
Am Graben 1
D-87600 Kaufbeuren
www.kehrbaum-architekten.de
Seite 106
Mitarbeit: Regina Böhm (Projektleitung);
Innenarchitektur: Florian Keck,
Bad Hindelang mit kehrbaumarchitekten
Fotos Seite 107,108,109 u.: Brigida Gonzalez, Stuttgart
Fotos Seite 109 o., 110: privat

königwanderer | architekten BDA
Claudia König, Ronald Wanderer
Scharnhorststraße 17
D-04275 Leipzig
www.koenigwanderer.de
Seite 64
Fotos: Anja Schlamann, Leipzig/Köln

Anne Lampen Architekten
Schlesische Straße 31
D-10997 Berlin
www.anne-lampen.de
Seite 68
Mitarbeit: Dipl.-Ing. Kerstin Laurenz
Fotos: Werner Huthmacher, Berlin

Luczak Architekten
Thomas Luczak, Architekt BDA, DWB
Senefelderstraße 42
D-50825 Köln
www.luczak-architekten.de
Seite 94
Mitarbeit: Almut Skriver, Heinrich Vater
Fotos: Constantin Meyer, Köln

mattes · sekiguchi partner
architekten BDA
Dipl.-Ing. Franz-Josef Mattes
Dipl.-Ing. Stefan Takanori Sekiguchi
Wilhelmstraße 5a
D-74072 Heilbronn
www.msp-architekten.com
Seite 142
Mitarbeit: Tim Gutekunst, Ramona Schröder
Fotos: Dietmar Strauß, Besigheim

Mitto Architekten und Ingenieure
Prof. Dr. Wolff Mitto
Dipl.-Ing. Tim Mitto
Dipl.-Ing. Nadine Just
Büro Hamburg:
Dorfstraße 16
D-25376 Borsfleth
Büro Wiesbaden:
Seerobenstraße 23
D-65195 Wiesbaden
www.mitto.net
Seite 152
Mitarbeit: Wiebke Mitto
Fotos Seite 153 u., 154 o.l.: Ulrich Gehner, Hamburg;
Fotos Seite 153 o., 154 o.r., 154 u.: Ole Kröcher, Hamburg

Architekten BDA
Mühlich, Fink & Partner
Heimstraße 11
D-89073 Ulm
www.mfp-ulm.de
Seite 46
Projektarchitekt: Dipl.-Ing. Peter Fink, Freier Architekt BDA
Projektmitarbeit: Dipl.-Ing. Günter Perl, Architekt
Fotos Seite 47, 48, 49 o., 50: Martin Duckek, Ulm;
Foto Seite 49 u.: Victor S. Brigola, Berlin

netzwerkarchitekten PartG
Architekten, Stadtplaner und Ingenieure
Thilo Höhne, Karim Scharabi, Philipp Schiffer,
Jochen Schuh, Markus Schwieger, Oliver Witan
Donnersbergring 20
D-64295 Darmstadt
www.netzwerkarchitekten.de
Seite 84
Mitarbeit: Thorsten Mergel, Anne Raupach
Fotos Seite 85, 86, 87 o. 88 u.: Myrzik und Jarisch, München;
Fotos Seite 87 u., 88 o.: Jürgen Holzenleuchter, Ottensoos

Michael Shamiyeh
Prof. Arch. DI MArch. (Harvard)
Shamiyeh Associates ZT GmbH
Untere Donaulände 8
A-4020 Linz
www.shamiyehassociates.com
Seite 134
Mitarbeit: Astrid Hager
Fotos: Paul Ott, Graz

straub tacke architekten
Thomas Straub, Dipl.-Ing. Architekt
Brigitte Tacke, Dipl.-Ing. Architektin
Fafnerstraße 24
D-80639 München
www.straub-arc.de
Seite 18
Fotos: Jürgen Holzenleuchter, Ottensoos

Foto Seite 2–3: unter Verwendung der Abb. von Seite 95
Bildnachweis Vorwort/Einleitung:
Seite 6: Klaus Knuffmann, Hamburg
Seite 9–16: Roland Halbe, Stuttgart
Bildnachweis Umschlag:
Abbildung Vorderseite: Victor S. Brigola, Berlin
Rückseite unter Verwendung der Abb. von Seite 69, Seite 79 und Seite 103 u.
Lagepläne: Jens Schiewe
Alle übrigen abgebildeten Zeichnungen, Pläne sowie Bestandsfotos wurden von den jeweiligen Architekturbüros zur Verfügung gestellt.

Impressum

Dieses Buch ist in Zusammenarbeit mit dem internationalen Architekturmagazin HÄUSER des Verlags Gruner+Jahr erschienen und bildet die Ergebnisse des Wettbewerbs HÄUSER AWARD 2008 ab.

Streitfeldstraße 35,
81673 München
www.callwey.de
E-Mail: buch@callwey.de

Die Deutsche Bibliothek verzeichnet diese Publikation in der Deutschen Nationalbibliografie; detaillierte bibliografische Daten sind im Internet über http://dnb.ddb.de abrufbar.

ISBN 978-3-7667-1732-0

Lektorat:
Katrin Pollems-Braunfels, München
Schutzumschlaggestaltung:
Alexander Stix, München
Buchgestaltung, Satz:
Griesbeckdesign, München
Druck und Bindung:
freiburger graphische betriebe, Freiburg

Printed in Germany 2008

CALLWEY

Die besten Einfamilienhäuser

Als einer der traditionellsten Baustoffe wird Holz zugleich auf modernste Weise eingesetzt – dies macht ihn zu einem der beliebtesten Baustoffe im Einfamilienhausbau. Dieses Callwey Buch zeigt 35 aktuelle Holzhäuser und Mischbauten aus Deutschland, Österreich und der Schweiz, die anspruchsvolle Architektur mit hohem Wohnkomfort verbinden. Jedes Haus wird mit professionellen Bildern, einheitlich neu gezeichneten Plänen und ausführlichen Baudaten vorgestellt. Der Text geht neben der Objektbeschreibung auch gezielt auf die individuellen Wünsche der Bauherren ein.

Ein Buch für Architekten und Bauherren.

Friedrich Grimm
Die besten Einfamilienhäuser aus Holz
Deutschland – Österreich – Schweiz
2007. 168 Seiten, ca. 200 Abbildungen und 120 Pläne
gebunden mit Schutzumschlag
ISBN 978-3-7667-1698-9

Ob fortschrittlich à la Hadi Teherani oder traditionell wie Paul Kahlfeldt, rational, natürlich oder spielerisch – für jeden Typ gibt es das passende Haus. Ein einleitender Test hilft dabei, zunächst die eigenen Vorstellungen vom idealen Einfamilienhaus zu strukturieren. Interviews mit renommierten Architekten ergänzen die „Auflösung". Am Beispiel von 25 charakteristischen Projekten werden die Möglichkeiten der verschiedenen Haustypen präsentiert.

Ausführliche Baudaten und erläuternde Texte, Pläne und professionelle Fotos bieten zukünftigen Bauherren eine unverzichtbare Orientierungshilfe und machen fit fürs erste Architektengespräch. Architekten bietet das Buch zahlreiche Anregungen.

Amelie Osterloh
Das ideale Einfamilienhaus
Architektenhäuser für jeden Typ
2007. 160 Seiten, 200 Abbildungen
gebunden mit Schutzumschlag
ISBN 978-3-7667-1717-7